ars vivendi®

TESSA KORBER · ELMAR TANNERT

TRUE CRIME
TATORT FRANKEN

ars vivendi

Originalausgabe

1. Auflage 2023
© 2023 by ars vivendi verlag
GmbH & Co. KG, Bauhof 1,
90556 Cadolzburg
Alle Rechte vorbehalten
www.arsvivendi.com

Druck: CPI books GmbH, Leck
Gedruckt auf holzfreiem Werkdruckpapier
der Papierfabrik Arctic Paper

Printed in Germany

ISBN 978-3-7472-0478-8

TRUE CRIME
TATORT FRANKEN

INHALT

ZWISCHEN KRIEGEN — 9
Der Doppelmord in der Fürther Spiegelstraße 1920

EINE FRÄNKISCHE WINTERREISE — 31
Die Flucht aus der Nürnberger Fronfeste 1830

LADYKILLERS. EINE FILMKOMÖDIE — 46
*Der Raub der Rosenkranzmadonna aus der Kirche
Maria im Weingarten, Volkach 1962*

GESPRÄCH DURCH DIE ZELLENTÜR — 71
*Der ungeklärte Tod des Bürgermeisters Heinrich Toppler,
Rothenburg o.d.T. 1408*

MÜLLER, MEIER, SCHMIDT — 80
*Die Erschießung der Terroristin
Elisabeth von Dyck in Nürnberg 1979*

DIE RICHTSTÄTTE — 94
*Fund eines Skeletts unter dem Galgen von Roßtal,
datiert auf um 1700*

RADFAHREN — 113
Der Mordfall Flosky, Kahl am Main 1963

WER SCHREIBT, DER BLEIBT — 141
*Ein ganz gewöhnlicher Raubmord in
Kirchenlamitz in Oberfranken 1888*

ABFLUG 151
*Bankraub mit Geiselnahme auf dem Gelände der
Leighton Barracks, Würzburg 1980*

FENSTERSTURZ 166
*Der Tod des napoleonischen Marschalls
Louis-Alexandre Berthier in Bamberg 1815*

NACHBEMERKUNGEN 193

QUELLENVERZEICHNIS 199

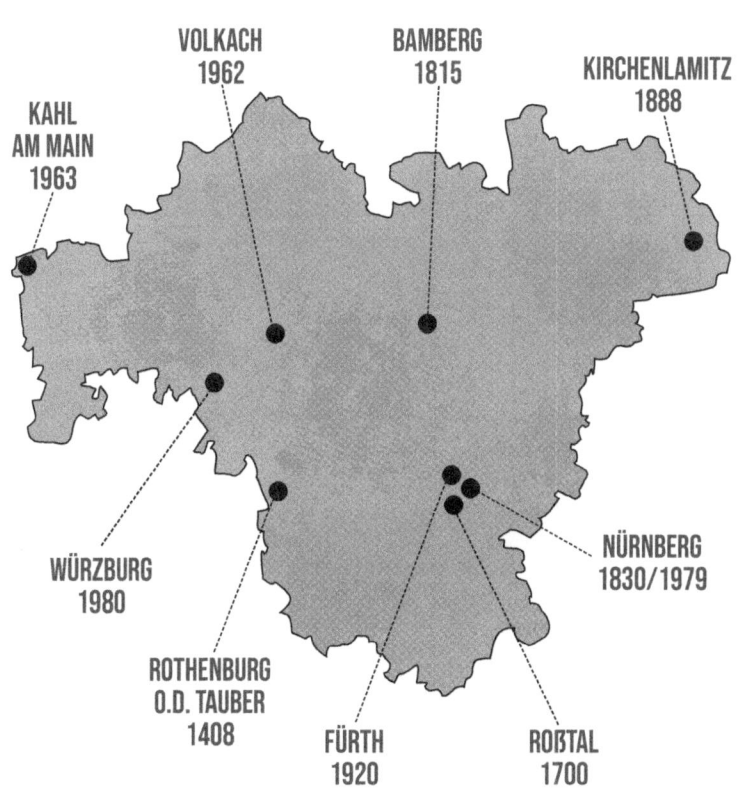

ZWISCHEN KRIEGEN
DER DOPPELMORD IN DER FÜRTHER SPIEGELSTRASSE 1920

In den Geschichtsbüchern schreiben sie, der Krieg sei 1918 zu Ende gewesen. Ich sage, jetzt im Jahr 1939: Er war nie vorbei.

Ganz sicher war er es nicht damals, 1920, als sich alles noch in Bewegung befand. Es war das Jahr, in dem die Grenzen weiterhin bröckelten, als würde noch immer um sie gekämpft, und die fernen Frontlinien verschoben sich weiterhin über Nacht, wovon man nur aus den Zeitungen erfuhr. Die Franzosen hielten das Rheinland besetzt und hofften, es zu behalten; der Norden Schleswigs ging nach einer Volksabstimmung an Dänemark; die Abstimmung im Süden stand noch aus. Danzig lag in einem anderen Land, und um den Korridor dorthin wurde gestritten.

Die Höhe der Reparationszahlungen war noch nicht festgelegt, nur dass es um Milliarden gehen würde, das hörte man, um unvorstellbare Summen für unsereinen, Zahlen, schwer wie Kohlenflöze und lastend wie Gewitterwolken, die den Horizont der Zukunft verdüsterten, und niemand wusste, wie klein genau denn nun dieses neue Deutschland werden sollte und wie arm.

Es vermochte auch niemand zu sagen, wer sie künftig regieren würde, diese eilig geschaffene Republik, die so idyllisch vertraut nach Goethe klang: Weimar. Und die sich als so fabrikneu und ohrensausend modern erweisen sollte, dass man kaum nachkam.

Wer hatte darin eigentlich die Macht, jetzt, da es keinen Kaiser mehr gab: Ministerpräsident Ebert von der SPD und seine bürgerlichen Minister oder die rechten Verbände aus ehemaligen Frontkämpfern, die diese Minister einen nach dem anderen erschossen, ohne von einem Gericht dafür ernsthaft verurteilt zu werden? Oder würden die Linken Revolution machen, schon wieder eine Revolution oder immer noch dieselbe Revolution, die angeblich schon den Krieg beendet und den Kaiserthron gestürzt hatte, wenn es nicht andersherum gewesen war, eine Revolution also, nach der dann, sagten die Leute, alles sein würde wie in Russland? Wo alles ein einziges Chaos schien – oder war das die Zukunftsmusik, wie mein Freund Renner meinte, der bis zuletzt lieber *Brüder, zur Sonne, zur Freiheit* pfiff als *Veronika, der Lenz ist da*?

1920 wusste kein Mensch, wohin das alles führen würde.

Der Krieg war vorbei und war es nicht. Wir hatten ein neues Land, wir saßen auf den Trümmern unserer Existenz. Es herrschte Demokratie, es herrschte Chaos, und die Feinde der neuen Republik behaupteten, das wäre das Gleiche. Wir hatten noch die Reichsmark, die aber stündlich weniger wert wurde. Wir litten vielleicht keinen Hunger, waren aber nicht weit davon entfernt. Wir strickten unsere Unterwäsche selbst und verkauften Silberlöffel; und goldene Ringe, mit Brillanten oder ohne, verkörperten eine Alltagswährung. Im Kino lief Lubitschs *Kohlhiesels Töchter*; die Hälfte der Bevölkerung schien aus Schwarzmarkthändlern und Schiebern zu bestehen; Fürth verlor das Endspiel, und Nürnberg wurde Deutscher Meister; die Kriegsgefangenen kehrten eben erst zurück. In den Cafés ging es hoch her.

Und in der Spiegelstraße 1 in Fürth wurden am 29. April, irgendwann zwischen elf Uhr abends und Mitternacht, zwei Menschen erstochen.

Das war der Beginn meines eigenen kleinen, fast zwanzig Jahre währenden Krieges.

Der neue große Krieg wird alles das jetzt beenden. Nicht, weil ich noch eingezogen werden würde; dafür zähle ich mittlerweile zu viele Jahre. Ich kann jedes einzelne spüren, als dauernden, dumpfen Schmerz in den Knochen und in der Seele. Die Ermittlung ist ein maroder, morscher alter Kahn, der umstandslos versinken wird in den neuen Strudeln der Geschichte. Wer wird danach fragen.

Fast alle sind wir inzwischen Greise: die zuständigen Beamten, die Gutachter, die Zeugen, das Zeitalter, in dem eine einzelne Mordtat noch ein Skandalon war, das es zu untersuchen und zu sühnen galt. Selbst die Nutten, von denen ich damals eine Menge verhört habe, sind tot und begraben oder nicht wiederzuerkennen. Die Zeiten waren erst golden, dann schwarz, jetzt sind sie braun. Bekommen ist uns das alles nicht gut.

Auch der Mörder mag zu alt sein, um noch Gerechtigkeit erfahren zu können, sollte sie ihn jetzt noch ereilen. Wie sollte so eine Gerechtigkeit auch aussehen: Fast zwanzig Jahre hat er herumspazieren und unerkannt fröhlich leben können, während seine Opfer begraben waren und vermoderten. Er hat zwei Menschen mit dem Messer abgeschlachtet auf eine Art ... noch nie habe ich so viel Blut gesehen. Noch nie außerhalb der Schützengräben. Noch nie in Fürth, will ich sagen. In meinen Straßen. Wo ich all die Jahre als kleiner Fußsoldat der Ordnung patrouillierte. So habe ich jedenfalls versucht, es zu sehen. Viel hab ich da mitbekommen, bin immer brav marschiert, nie aus dem Tritt gekommen, nie desertiert. Aber so etwas: nein.

Am Ende ist er auch schon tot, der Mörder? 1935 sind wir dem letzten Verdacht nachgegangen, ohne viel Hoffnung und ohne Ergebnis. Schnell stellte sich heraus, dass Michael Hofmann zur Tatzeit im Gefängnis gesessen hatte; wir ließen ihn laufen, wie wir alle am Ende laufen lassen mussten, all die kleinen und großen Diebe, Betrüger, Schieber, Verbrecher, Schmierenkomödianten. Seither ist es still. In meinem Krieg, in meinem Kopf, nicht in der Welt. Die ist noch viel lauter geworden. Bald wird sie alles übertönt haben.

In den letzten Jahren sind kaum noch Reaktionen auf die alte Fahndung gekommen, eine war ein Denunziationsschreiben, wann ist das nur gewesen, 1928 schon? Es war eine jener Verleumdungen, wie sie in unserer schönen neuen Zeit große Mode geworden sind. Einen ganzen Staat hat man darauf aufgebaut. Neben dem alten System von Polizei, Justiz und Gefängnis wurde ein florierendes neues eröffnet von SA, Partei und KZ, das nach Hörensagen und Behagen verhaftet, verurteilt und tötet. Alte Rechnungen werden beglichen, alte Feinde erledigt, neue Gewinne gemacht.

Oder wo landet der Besitz all der Enteigneten, Entrechteten, Umgesiedelten? Wo werden sie selbst bald bleiben? Wenn man erst einmal gesehen hat, dass ein Polizeibeamter sich nicht zu fein ist, bei einer Verhaftung einen Besteckkasten zu stehlen, ein Bürgermeister sich ohne mit der Wimper zu zucken ein Haus überschreibt und der Beamte vom Finanzamt sich nichts dabei denkt, für seine Frau eine schöne silberne Vorlegeplatte mitgehen zu lassen – und warum auch nicht, wo doch sein Vorgesetzter dafür sorgt, dass der ganze Juwelierladen für wenig Geld an einen guten Geschäftsfreund geht –, dann weiß man, was für einen Staat all diese sich vergoldenden Pappnasen bald machen werden. Mit einer Rückkehr der Besitzer rechnen die doch bestimmt nicht, auch wenn's keiner zugeben will.

Aber was rede ich. Ich klinge ja schon wie der Renner. Wo war ich? Es ist besser, ich konzentriere mich auf meine Arbeit. Am Ende spiegelt so ein einzelner Fall ja doch die ganze Welt.

In dem Brief, der 1928 an die Polizei ging, stand drin, der Mörder sei verstorben, aber er, der Schreiber, kenne ihn gut. Der Hass ging also über das Grab hinaus. Und auch das, will mir scheinen, ist eine Mode dieser Zeit: das Hassen im großen Stil.

Der Mörder, hieß es in dem Brief, sei ein gewisser Fritz Blankenbach gewesen. Ich gebe zu, der Name traf mich wie ein Geschoss. Blankenbach – das war just der Mann, der mir damals, am 30. April 1920, als Erster begegnete, mit dem überhaupt alles begann.

Er betrat frühmorgens die Stube der Polizeiwache 1 in der Jakobinenstraße, wo ich an jenem Tag Dienst tat, und sagte: »Der Marie muss etwas zugestoßen sein.«

Er meinte damit, wie sich nach näherer Befragung herausstellte, seine Bekannte, Frau Marie Gring, die etwa fünfzigjährige Witwe eines Rechtsanwaltes, die in der Spiegelstraße 1, Ecke Nürnberger Straße wohnte. »Sie besucht mich sonst jeden Morgen, zuverlässig, aber heute nicht. Und außerdem haben die Nachbarn Schreie gehört in der Nacht.«

Als der Brief eintraf, acht Jahre danach, ich weiß noch, da kamen mir die Fragen wieder in den Sinn, die ich mir damals im Stillen gestellt habe: Es war doch noch nicht mal acht in der Früh gewesen, als der Blankenbach zu uns hereinkam. Ist das wirklich die Zeit, um die man sich schon Sorgen über einen ausbleibenden Besuch macht? Um welche Zeit pflegten die beiden sich denn bitte schön zu treffen?

Und diese Hilfeschreie, von denen der Blankenbach sprach: Die Nachbarn müssen ihm davon berichet haben, das heißt, er muss sie danach gefragt, muss an Türen geklingelt und mit ihnen gesprochen haben, und all das um kurz nach sieben Uhr in der Früh? Wenn man es so überdenkt, war der Blankenbach ein sehr früher Vogel mit seinem Verdacht. Wie viele hätten, selbst wenn sie in der Früh einen Besuch vermissten, gleich die Nachbarn inquisiert und hernach die Polizei aufgesucht? Hätten die meisten es nicht eher mit einem zweiten Besuch zu einer christlicheren Zeit versucht?

Mein Kollege August Schildknecht ist dann zu der Adresse gegangen, dazu mein guter Freund, der Schlossermeister Renner, der immer gebraucht wird, wenn es darum geht, eine Tür aufzumachen. Ich hab ihm die Arbeit verschafft seinerzeit, unter der Bedingung, dass er seine nicht beamtentauglichen Ansichten ein wenig für sich behielt, vor den anderen jedenfalls.

Laut Protokoll haben die beiden das Schloss der Gring'schen Wohnung, nachdem sie vergeblich geklingelt und sich umgetan hatten, mit dem Dietrich geöffnet – um genau acht Uhr morgens. Acht Uhr, das steht dort Schwarz auf Weiß.

Damals stand Fritz Blankenbach nicht unter Verdacht. Er hatte ja auch nur allzu recht gehabt: Es war etwas geschehen mit der Marie Gring. Sie lag in der Küche ihrer Wohnung. Getötet mit mehreren Messerstichen, von vorne und von hinten gegen den Brustkorb geführt, wie sich bei der Obduktion zeigen sollte.

Noch übler sah es aus, als man das Zimmer ihres Untermieters betrat. Damals hatten viele in Fürth Untermieter, auch ehemals gutgestellte Leute. Ehemals, das war vor dem Krieg gewesen und vor der Inflation. Jetzt drängten sich in den früher gutbürgerlichen Stuben die Menschen, waren Salons zu Kammern aufgeteilt, Schlafplätze noch in Küchen geschaffen; manche lebten und schliefen in Schichten. Bei Marie Gring ging es noch einigermaßen zu. Sie hatte das größte Zimmer der Wohnung, vielleicht das ehemalige Wohnzimmer, vermietet an einen gewissen Andreas Endres, 56, Schmiedmeister.

Der war ebenfalls tot, wie sich herausstellte. Aber bei ihm war es schlimmer. Das Blut bildete ganze Lachen auf dem Boden. Sein Gesicht, die Hände, die Kleider, alles war verschmiert, das Porzellan des Waschbeckens mehr rot als weiß.

Als der Professor Dr. Molitoris und der Medizinalrat Dr. Baumann ihn anderntags im Sezierzimmer des Fürther Leichenhauses begutachteten, konnten sie die Schnitte kaum zählen: in der Kopfhaut, an den Ohren, im Gesicht, den Händen – vor allem der linken –, am Hals. In seinem Schädeldach steckte eine abgebrochene Messerspitze. Zudem waren Sachen umgeworfen worden, blutige Abdrücke zu sehen: Hier hatte eindeutig ein Kampf stattgefunden. So rasch und still die Frau Gring in ihrer engen Küche gestorben sein musste, so sehr musste es zugegangen sein im Zimmer vom

Andreas Endres. Als man die Leiche fand, lag sie in einem verschlossenen Zimmer – fast schien es, der Angreifer, aufgebracht von der Rauferei auf Leben und Tod, sei in Panik gewesen und hätte noch den Niedergemetzelten gefürchtet.

Der Renner ist später bei uns gesessen für das Protokoll, da hab ich ihm einen Ersatzkaffee gebracht und ihm auf die Schulter geklopft. Er hat mich angesehen, und in seinem Blick war noch all das Blut. Er war ja dabei gewesen in Frankreich, wie ich. »Weißt«, setzte er an. Und ich wusste es ja: So auf einem Perserteppich, so zwischen Anrichte und Sofa, so auf den Paradekissen, da wirkte es schlimmer.

»Des hätt's net braucht«, sagte er.

»Und weißt, was noch«, meinte er ein wenig später. Und ich wusste auch das. Die drei abgebrannten Streichhölzer – keine Ahnung, was die dort am Boden bei der Leiche zu suchen hatten. Keine Ahnung auch, warum sie uns so beeindruckten. Aber so war es. Wie ein böses Omen, wie ein Zeichen lagen sie dort, das sich nicht deuten ließ. Fast so beunruhigend wie das Blut.

Einer fertigte die Skizze an, die heute noch bei den Akten liegt, neben den ganzen Fotos, einen Grundriss der Wohnung, genau und doch wie eine Kinderzeichnung, alle Möbel sorgsam mit der Feder in geübter Kanzleischrift beschriftet, nur das Eisbärenfell-Imitat hat man ausgelassen. Aber die Marie Gring und der Endres waren nur als ungelenke dunkle Umrisspuppen zu sehen, umgeben jeweils von einem unregelmäßigen roten Buntstiftfleck, der das Blut andeuten sollte. Puppenstubenmorde, von hier aus betrachtet.

»Sei Gsichd«, hatte der Renner gesagt und die rote Maske aus geronnenem Blut geschildert. »Und überall die Abdrücke von Fingern, von Füßen, wie in einem Gruselkabinett.« Er schaute mich an: »Große Füß, und einer hatte keine Zehen!«

»Monster gar. Wie beim Dr. Caligari«, sagte einer und lachte. Aber kein anderer hatte den Film gesehen. Der Renner ging heim.

Vielleicht lag es ja daran, an der spektakulären, filmreifen Kulisse von Endres' Tod, an den rätselhaften Spuren um ihn herum und an den vielen Fragen, die sie im Lauf der Zeit aufwarfen, dass meine Kollegen von Anfang an vom »Mordfall Endres« ausgingen.

Er hatte ja auch im Leben viel mehr Raum eingenommen als die Frau Gring, die still gewesen war, fleißig und allenfalls ein wenig verschroben. Ängstlich war sie gewesen, das sagten die Nachbarn, stets die Kette vor und nicht mal ein Dienstmädchen, weil es ja stehlen könnte. Sogar ihr Bruder hatte ein Klopfzeichen verwenden müssen, sagte er, bei seinen Besuchen, damit sie ihm überhaupt aufmachte. So ein furchtsamer Vogel war das, der da jetzt ganz still lag.

Der Endres dagegen war schon im Leben raumgreifend gewesen, zwar nur eins dreiundsiebzig groß, aber dick und laut war er, hatte getrunken und gefeiert, renommiert und geredet, Geschäfte gemacht von hier nach da. Allein um all seine Kontakte zu erfassen, all die Cafés und Gasthäuser, in denen er sich herumtrieb, all die Schieber und Hehler und Huren, die er kannte, brauchten wir zehnmal so viel Aktenpapier wie für die Frau Gring. Er war auch derjenige, der Geld gehabt haben soll, Scheine, Münzen, Uhren, Krawattennadeln und Ringe, das ganze Arsenal des Schwarzmarkthändlers. Einige von diesen Wertsachen fehlten, wie sich bald herausstellte.

Es war leicht anzunehmen, er sei das Ziel gewesen und die Frau nur im Weg, eine mundtot gemachte Zeugin. Auch mir schien damals, dass viel dafür sprach.

Das waren zwei sehr verschiedene Welten, die da in einer Wohnung beisammengelebt hatten und gemeinsam gestorben waren. Die Welt vom Endres, die kannten wir gut, in der bewegten wir uns regelmäßig, sie war, sozusagen, unser täglich Brot. Ihretwegen existierten wir, die Polizei, wie der Schatten zu einem Körper.

Im Umkreis der Marie Gring gab es nur respektable Leute. Das hielten auch die Akten fest. Und es galt nun mal als ausgemacht, dass respektable Leute grundsätzlich nicht verdächtig wären. Verwunderlich ist das nicht; so ist es doch immer: Deutschland gut, Frankreich böse, Generäle gut, Kommunisten böse. Man kann es auch andersherum denken, kann die Begriffe tauschen – die Hauptsache ist die Grenzlinie, denke ich mir, sie macht die Welt übersichtlich und die Arbeit einfacher. Unsere Grenzlinie war: Respektable Bürger gut, Gesindel ist zu verhaften. Es klang plausibel.

Inzwischen habe ich so viele Menschen über die Grenze gehen, so viele vermeintlich Respektable Undenkbares tun sehen. Vielleicht hab ich mir damals schon gedacht, dass die Moral nicht vom Geldbeutel abhängt. Geredet hab ich mit keinem darüber, allenfalls mit dem Renner, abends daheim beim Bier – mit dem Renner konnte man gut über so was reden –, aber sicher nicht auf dem Amt.

Die Grenzlinie half uns, das zu tun, womit wir vertraut waren. Und ehrlich, es machte mehr Laune, »Na, Freundchen« zu schnauzen und »Raus mit der Sprache«, als dienernd zu sagen: »Ja, Herr Oberkommerzienrat. Sicherlich, gnä' Frau.«

So viele Gründe gab es, den Endres umzubringen, bei all den Geschäftchen, die er am Laufen hatte, und all den zwielichtigen Menschen, die er kannte, so vielen Spuren war nachzugehen, dass sich keiner groß die Mühe machte, nach Gründen dafür zu suchen, warum jemand die Marie Gring vielleicht nicht mehr am Leben sehen wollte. Auch mir fiel keiner ein. Wenn ich jetzt so drüber nachdenke: Nicht mal ihr Schlafzimmer haben wir damals untersucht. Wir hatten auch so alle Hände voll zu tun.

»Der Endres ist bis 17 Uhr in Nürnberg in der *Arabischen Teestube* beim Kartenspielen gesessen, später ist er dann ins *Deutsche Haus* am Kornmarkt gewechselt. Dann hat er die Ludwigsbahn genommen, vom Plärrer ab um 23.30 Uhr. Ein Zeuge, der ihn kannte, hat ihn am Bahnhof Fürth-Ost aussteigen sehen. Als er gegen Mitternacht sein Zimmer betrat, wurde er von zwei Männern überfallen, die vermutlich schon auf ihn gewartet haben.«

So skizzierte unser Ermittlungsleiter, der Polizei-Obersekretär Dotzauer, den Ablauf vom Mordabend. Aus Nürnberg waren Kollegen da, weil sich rasch herausgestellt hatte, dass der Endres fast nur in der Nachbarstadt verkehrte, im *Nassauer Keller*, im *Moselblümchen*, in der *Arabischen Teestube* und im *Café Königshof*. Hugo Schneidig hatte er sich dort genannt, als wäre er wirklich ein Held in einem dummen Film. Bei uns in Fürth hat er sich nicht herumgetrieben. Mir machte das das Leben leichter. Es ersparte mir die Gassenlauferei. Stattdessen kümmerte ich mich um die materiellen Spuren, sorgte für die Aufrufe an die Presse, an die Amtsblätter, die Kollegen in Nürnberg und im Umland.

Der verschwundene Schmuck musste nämlich gefunden, Pfandleiher und Juweliere mussten alarmiert werden, falls einer ihn zum Kauf anbot. So ganz genau wussten wir nicht, was wir alles suchten. Der Bruder des Toten und seine Ehefrau waren sich da beileibe nicht einig, der Bruder wollte von mehr wissen als die Gattin. Aber die lebte ja auch im fernen München und hielt den Andreas Endres für einen respektablen Mann. Immerhin war von mehreren Brillantringen, zwei goldenen Uhren und zwei Brillantanstecknadeln die Rede. Und von vierzigtausend Mark in großen Scheinen, was nach mehr klang, als es war. Die Mark hatte damals schon fast drei Viertel ihres Wertes verloren.

Überhaupt die Geldscheine: Der Endres hatte die Börse links an der Brust getragen, genau dort, wo einer der vielen Messerstiche durchging. Die Börse war fort, und wir nahmen an – was nahmen wir nicht alles an –, dass sie samt Inhalt durchstochen worden sein mochte und es also irgendwo dort draußen blutbesudelte Scheine gab mit einem Loch in der Mitte. Stadtkasse, Sparkasse, Staatsbank,

Postamt, städtisches Gebührenamt, Wirtschaftsamt und Rentamt – alle mussten ermahnt werden, danach die Augen offen zu halten.

Auch blutverschmierte Kleider konnten auftauchen; bei so viel Blut konnte der Täter nicht anders, als über und über damit bedeckt zu sein. Da musste man den Reinigungen und Schneidereien Bescheid geben. Das leitete ich ebenfalls in die Wege.

Und schließlich hatte man bei der Obduktion im Schädel vom Endres diese abgebrochene Messerspitze gefunden. Die Waffe dazu mochte gut jemand zur Reparatur bringen. Also waren auch die Messerschleifer zu warnen.

»Der Endres kam erst kurz vor der Tat überhaupt nach Hause in die Spiegelstraße«, sagte der Dotzauer damals in der Besprechung Anfang Mai. »Die beiden Tage zuvor ist er, nach allem, was wir zusammengetragen haben, gar nicht daheim gewesen. Ausgehend von der Annahme, dass Endres und das, was er bei sich trug, das Ziel des Raubüberfalles waren, muss der Täter, wenn er nicht einfach Glück gehabt hat, genau gewusst haben, wo der Endres sich so herumtrieb und wann.«

Er schaute uns an. Wir nickten. Zu diesem Schluss kam der Polizei-Obersekretär. Zu diesem Schluss kam die Ermittlung. Den Endres hatte einer auf dem Kieker. Es war ein Grund mehr, gründlich im Bekanntenkreis vom Endres zu suchen. Und wir wurden fündig.

Gäste im *Arabischen Café* sagten aus: »Der Endres hat immer große Mengen Geld und Sachen gehabt und damit geprotzt.«

Ein Kellner im *Café Königshof* gab an, dass sich zwei Männer im Lokal öfter nach dem Endres umgeschaut hätten. Sei er nicht da gewesen, seien sie wieder gegangen, ohne etwas zu bestellen. »Die haben ihn gewiss beschattet.«

Eine Wirtin meinte, der Endres habe sich verfolgt gefühlt. »Einmal hat er zu mir gesagt: ›Sie werden noch mal in der Zeitung lesen, den Hugo Schneidig haben sie umgebracht.‹« Sie rotzte in ihr Taschentuch. »Und jetzt ist es so weit.«

Sie sehen das Bild? Wir sahen es auch. Und wir fanden die Verdächtigen dazu. Niemand darf glauben, dass wir es uns leicht gemacht hätten durch unsere Konzentration auf das Milieu. Wir liefen viele Kilometer, befragten Hunderte von Menschen, gingen noch den kleinsten Hinweisen nach. Wir waren gewissenhaft und gründlich. Alle Spuren verfolgten wir bis zum Ende, auch die Sackgassen.

Davon gab es viele, manche waren viele Wochen lang und unendliche Überstunden tief. Als wir zum Beispiel in den Taschen des Toten eine Visitenkarte fanden, vom Schatzmeister des Hilfsbundes für Elsass-Lothringen – was nicht so seltsam war, da Endres aus Metz stammte und als Obmann für den Bund tätig war –, da wurden wir bei diesem Schatzmeister vorstellig. Er bestätigte, gemeinsam mit Endres in das Auto eines Unbekannten gestiegen zu sein für eine Fahrt, die, wie er mit Nebenblick auf seine Frau fast im Flüsterton aussagte, eine »edle Einrichtung« zum Ziel hatte. Es war ein Bordell, wie sich herausstellte, in Zerzabelshof, Villa Kührt, Metthingstraße. Man hatte dort zu mehreren gezecht, der Endres hatte um die fünfhundert Mark ausgegeben und war von einem fremden Auto wieder abgeholt worden. Wir ermittelten den Autofahrer, indem wir alle privaten Fahrzeughalter der Stadt Nürnberg befragten; das waren damals, das Nachkriegsfahrverbot für Privatleute war erst im Herbst 1919 wieder aufgehoben worden, ganze vierundvierzig.

Heraus kam dabei nichts. Es war ein Abend im Bordell gewesen, typisch für den Endres, der sich oft in derartigen Etablissements herumtrieb. Was den Schatzmeister anging – der war samt Gattin respektabel. Ob auch er es mochte, den nackten Hintern versohlt zu bekommen, wie die Gewerbliche Alice Kiefer es für den Endres aussagte, das wurde nicht ermittelt. Aber man hätte etwas lernen können von der Alice. Dass das nicht schockierend war, sondern im Gegenteil recht üblich. Allerdings kostete es gut hundert Mark. Und wer hatte die schon übrig? Der Renner und ich, wir hatten sie nicht.

Einen Mörder hatten wir ebenso wenig. Zwar fanden sich blutige Kleider, doch sie stammten von einem Selbstmörder, dessen Witwe sie in die Reinigung gegeben hatte.

Zwei abgebrochene Messer wurden eingesandt, aus Schweinfurt und aus Deggendorf, doch sie passten nicht. Und die durchstochenen Geldscheine voller Blut fanden sich ebenfalls nicht.

Ein Ring wurde uns gemeldet, der dem Toten gehört haben sollte. Er war durch viele Hände gewandert. Und als wir den allerersten Käufer aufgespürt hatten, gab der an, ihn von Endres zu Lebzeiten erworben zu haben, vier Wochen vor dem Mord.

Wir waren nicht untätig. Falls wir schuldig geworden sind, die Wahrheit schuldig geblieben sind, diesen Krieg verloren haben, dann gewiss nicht aus Trägheit. Wir waren fleißige Soldaten.

Sogar zur Beerdigung gingen wir und hielten die Augen offen, wie es sich gehörte. Auch ich schaute mich dort um. Es fiel uns auf, dass die Ehefrau spät erschien und früh ging. Dass sie nicht dicht hinter dem Sarg lief, wie es sich für die nächsten Angehörigen gehörte, und auch am Grab keine Beileidsbekundungen entgegennahm. Wie eine Fremde benahm sie sich, und vielleicht war ihr Ehemann ihr fremd geworden. Sie lebten ja getrennt, auch wenn das nicht viel besagte in jenen Tagen.

Ein jeder folgte der Arbeit, wo er eine fand, viele Familien waren zerrissen, zerstreut, waren Umgesiedelte, Flüchtlinge, die sich neu orientieren mussten, zu Wanderarbeitern wurden und das Sich-Verwurzeln mehrmals erprobten, ehe sie wieder zur Ruhe kamen. Auch meine Frau hatten die Zeit und die Not hinausgezogen. Sie lebte in Frankfurt, wo sie eine Anstellung gefunden hatte in der Pension von Verwandten. Sie schlief dort in einer Dachkammer und schrieb manchmal und schickte Geld, das meine gekürzten Bezüge aufbessern half. Ich machte mir Sorgen um sie damals im Mai, weil gerade die Franzosen Frankfurt besetzt hatten, aus Rache für den Einmarsch der Reichswehr ins Ruhrgebiet. Und ein wenig, weil ich mir nach der Beerdigung vom Endres vorzustellen begann, auch im Gesicht meiner Frau könnte sich einmal so eine Kälte einnisten, wenn sie an mich dächte.

»Mach dir keine Sorgen«, meinte der Renner, der abends mit der Zeitung bei mir vorbeikam. Es gab Kartoffeln, die konnte ich gut kochen, dazu Brühe von Bratheringen, die der Händler um so viel billiger aus dem Fass schöpfte als die Fische dazu.

Er packte die mitgebrachten Bierflaschen aus. »Da, trink eins, und keine Angst, ihr passiert schon nichts.«

Der Renner und ich, wir saßen oft so beisammen in der Nacht und redeten, damals laut, später leiser. Als er 1933 von Dachau zurückkam, der Renner, redete er gar nichts mehr. Seither sitzt er stumm bei mir in der Stube. Er kommt erst, wenn es dunkel ist, aus Rücksicht auf mich, den Beamten. Ich setz ihm heut meist Schnitzel vor, was nicht heißt, dass die Zeiten besser geworden sind. Meine Frau ist jetzt schon vier Jahre tot. Damals war ihr nichts passiert, genau wie es der Renner gesagt hatte.

Der Frau vom Endres konnten wir nichts nachweisen.

Genauso wenig wie dem halben Dutzend Männer, die sich laut irgendwelcher redseligen Zeugen auffällig benommen hätten und entweder »rot« oder »blass« geworden seien, »nach unten« oder »zur Seite« oder »triumphierend« oder »unsäglich verschlagen« geblickt hätten, als sie vom Mord hörten.

Dieser sei »ein ganz roher und brutaler Mensch«, jener »ein großer Lump und Schwarzhändler«. Der Nächste habe »schon seine Frau mit dem Messer zusammengestochen«. Ein anderer »verfügte plötzlich über jede Menge Geld, ohne dass man sehen kann, woher es kommt«. Mal war es »ein vielfach vorbestrafter und gewalttätiger

Mensch, mir persönlich bekannt«, dann wieder »ein Fremder, den ich vor einem Bordell traf. Er gab eine Flasche Wein aus und sagte, er habe es aus Wut getan.«

So ging das Lied, mehr als ein Jahr, eine Symphonie der menschlichen Verkommenheit.

Allein das Haus in der Spiegelstraße, wo wir von Tür zu Tür gingen: zwei Liebesverhältnisse, ein Fall von Ehebruch; ich nenne die Namen nicht, weil nichts davon zu einer Anzeige führte. Aber der Adolf Montag aus dem zweiten Stock war wegen Bettelei und Diebstahls vorbestraft. Und die Anna Seidel war verurteilt wegen der Tötung ihres unehelichen Kindes. Und das war nur, was die Mordtat zufällig ans Licht brachte. Danach geht man mit anderen Augen an Hausfassaden entlang, selbst an den respektablen.

Zeitweise, das schrieb ich sogar meiner Frau, glaubte ich nicht mehr daran, dass es auch nur einen unschuldigen Menschen gäbe auf der Welt.

Meine Frau, die religiös war, empfahl mir Gebete. Der Renner empfahl die Komintern. Ihn freute der Stimmenzuwachs der USPD bei der ersten Reichstagswahl am 6. Juni mehr, als ihn die Niederlage der Spielvereinigung gegen den Club im Endspiel der Deutschen Meisterschaft ärgerte; aber nicht viel mehr. In einigen Städten gab es Hungerunruhen; sie plünderten Geschäfte und warfen Fenster ein. In Fürth blieb alles ruhig. Wir kümmerten uns um jeden Verdächtigen.

Am 21. Mai nahmen wir auf den Tipp einer Prostituierten hin den Andreas Lindner fest und brachten ihn zum Verhör auf die Wache im Rathaus. Er war ein Bekannter des Toten, ein Schwarzhändler. Seine Geliebte widerrief das Alibi, das sie ihm zunächst gegeben hatte, als wir eine weitere Geliebte auftrieben. Dennoch kam am Ende nicht viel dabei heraus.

Da war dann der Ulrich Lottes, genannt »Bulmes«, Reisender und Händler, schon ein anderes Format. Gleich drei Zeugen hatten ihn als verdächtig angegeben, einer davon behauptete, der Bulmes habe sich über den Mord in der Spiegelstraße geäußert. Eine ganz raffinierte Tat sei das gewesen und der Mörder viel zu intelligent, als dass man ihn jemals erwischen würde. Am 24. Juni hatten wir ihn. Die Kollegen in Hamburg nahmen den zur Fahndung Ausgeschriebenen hoch. Wie sich herausstellte, hatte er für ein anderes Vergehen noch ein Jahr abzusitzen und kein Alibi, dafür eine Browning.

Da saß er nun, Rundkopf, Oberlippenbärtchen, das rechte Auge müde und das Kinn unter der Lippe seltsam zurückspringend, ehe es sich im letzten, vorspringenden Punkt wieder fing. Im Profil sah er fast so aus wie einer der Kameraden, deren Gesichter im Krieg von einer Granate zerstört worden waren. Von vorne sah er einfach aus wie ein Galgenstrick mit billiger Krawatte und zu kleinem Hut. Als die Kollegen ihm einheizten, blinzelte er müde und sagte: »Wenn Sie mir eine Zigarette schenken, dann lege ich ein volles Geständnis ab.«

»Der war es nicht«, sagte der Renner am Abend zu mir. »Diebstahl ja. Mord nein.«

Und tatsächlich gestand er am nächsten Tag gar nichts. Also überprüften wir die Fußabdrücke.

Diese Fußabdrücke! Was haben die uns beschäftigt. Blutige Fußabdrücke, die durch das halbe Zimmer führten. Einige waren mit Socken entstanden, und wir haben uns sogar bemüht, herauszufinden, ob das Seiden- oder Trikotsocken waren. Alles war gründlich vermessen, fotografiert, analysiert worden. Vor allem dieser eine rätselhafte Abdruck, der keine Zehen aufwies und weder nackt war noch Spuren von einer Socke oder einem Schuh zeigte. Es sei denkbar, hieß es, dass der Mörder keine Zehen am linken Fuß habe und deshalb eine besonders konstruierte Ledersocke trage. Ein Facharzt für Orthopädie dagegen, der Doktor Rosenfelder, meinte, die für eine Amputation typischen Merkmale am vorderen

Rand des Abdrucks fehlten. Er denke, der Mann habe beim Laufen durch das Blut einfach die Zehen angehoben, aus Ekel vielleicht.

Ein Amputierter wäre leicht zu finden gewesen, nur leider ist uns nie einer begegnet. Wie es aussah, war die Auswahl an Tätern größer, wenn man von einem Mann mit einem Ekel vor blutigen Fußböden und zwei gesunden Füßen ausging, Größe 42.

Ulrich Lottes, der Bulmes, hatte Schuhgröße 42. Für die Untersuchung wurde er in die Wohnung des Gefängnisverwalters in Fürth gebracht, weil es dort Parkettboden gab, wie in der Mordwohnung. Ich war nicht dabei, als der Professor Molitoris, begleitet von zwei Wachtmeistern und einem Nürnberger Oberwachtmeister, den Bulmes anwies, die nackten Füße in Wasser zu tauchen, und dann mit verbundenen Augen herumzulaufen.

»Wieso verbunden?«, hatte mich der Renner am Abend gefragt, als ich es erzählte. Und ich konnte es ihm nicht sagen. Irgendwie hatte man wohl nicht gewollt, dass die Ergebnisse verfälscht würden. Der Bulmes musste mal langsam gehen, mal schnell, mal mit kleinen, mal mit großen Schritten. Mal sollte er die Zehen heben, dann mit dem ganzen Fuß auftreten. Am Ende wurde alles in Socken wiederholt.

»In Socken ins Wasser?« Der Renner musste lachen. Er lachte nicht mehr, als ich ihm erzählte, dass die ganze Prozedur kurz darauf am Tatort wiederholt wurde. Mit Blut.

»Wo hatten die das Blut her?«, wollte mein Freund wissen.

»Vom Schächter Jakob Adler. Der hatte drei lebende Hühner dabei.«

»Jakob Adler«, wiederholte der Renner. Beschämend, aber ich weiß nicht, wo der Jakob Adler heute ist. Ob er weiter in Fürth lebte und letzten November unter denen war, die nachts aus den Betten geholt und am Schlageterplatz aufgereiht wurden. Ein paar brachte man in Bussen weg. Die Übrigen verloren im Dezember ihre Wohnungen und ihren Besitz. Vielleicht ist er schon 1933 gegangen, der Schächter Jakob Adler, als ein NS-Funktionär vor dem Rathaus verkündete: »Auch hier in Fürth, der Stadt, die einst rot und total verjudet war, wird wieder eine saubere ehrliche deutsche Stadt gemacht.« Falls er da nicht ging, dann hockt er jetzt zusammengesperrt mit anderen in einem der sogenannten Judenhäuser, für deren Bewohner seit Neuestem eine Ausgangssperre gilt. Meine Frau würde ein Gebet für ihn sprechen. Renner, der Renner von vor Dachau, der noch geredet hatte, würde ihr eine Predigt halten darüber, dass Religion Opium fürs Volk sei und das Heil in der Gemeinschaft der Werktätigen liege. Für mich ist beides nichts. Ich erwarte die Dunkelheit.

Damals war der Jakob Adler noch geduldet, Zeremonienmeister des Blutes in einer absurden Inszenierung. Ich fand es schade, nicht dabei gewesen zu sein; doch ich war ein zu kleines Licht. Herausgekommen ist dabei übrigens nichts. Oder eigentlich alles: Die Fußabdrücke passten nicht. Schon die Fingerabdrücke hatten nicht gepasst. Trotzdem wollte man auf den Bulmes als Verdächtigen lange nicht verzichten. Wir hatten ja keinen anderen. Bis sich der Emil Hüttner fand.

Hüttner war einer der vielen, von denen uns erzählt wurde, sie hätten sich auffällig benommen, als von den Morden die Rede war. Er wohnte in der Spitalgasse 4, angeblich ein Kaufmann, Weinhändler und Fliegeroffizier, ledig, aus Koblenz. Seit dem 5. April war er nicht mehr in Fürth gemeldet. Wir vermuteten ihn in Frankfurt und schrieben ihn mit einem Foto zur Fahndung aus.

Aus Mainz kam die erste Meldung: Der Mann auf dem Foto sei gar nicht Emil Hüttner, der am 8. August 1918 verstorben sei. Bei dem Fotografierten handle es sich vielmehr um einen Emil Götz aus Kaiserslautern, Reisender bei der Firma Woerschhaus und Co. in Hamburg.

Wir suchten also einen Emil Götz.

Wir fanden drei: Einen nahm die Gendarmerie Scheinfeld fest. In Hamburg wurde ein Zweiter verhaftet, der ebenfalls Ausweispapiere auf den Namen Emil Götz besaß.

Den dritten Mann fanden wir im September. Er hieß weder Hüttner noch Götz, um der Wahrheit die Ehre zu geben; sein Name war, wie sich herausstellte, Hans Alex Max Emil Fahrenheim. Doch er war der Erste, der unserem Fahndungsfoto ähnelte. Ein Kellner hatte ihn erkannt von einem der Fahndungsplakate, die noch immer in der Stadt angeschlagen waren, am Kaiserplatz, in der Jakobinenstraße, am Bahnhofsplatz natürlich, an der Hornschuchpromenade, der Poppenreuther Brücke, dem Marktplatz, am Ludwigsbahnhof.

Am 1. Februar 1921 erließen wir den Haftbefehl. Am 12. Februar meldete man aus Hamburg seine Verhaftung. Am 13. Februar gingen wir das mit den Kollegen feiern. Am 28. Februar wurde das Verfahren eingestellt. Fahrenheim war zweifellos der Mann, der in Nürnberg mit falschen Papieren als Emil Hüttner gemeldet gewesen war. Doch er besaß ein Alibi, das nicht entkräftet werden konnte.

Danach wurde es still um den Doppelmord in der Spiegelstraße.

Dafür wurde die Welt ein wenig angenehmer. Im Januar 1922 verhinderten wir mit einem der ersten Volksbegehren in der Weimarer Republik, dass Fürth und Nürnberg zusammengelegt wurden. Mich freute es, und den Renner auch, Komintern und Internationale hin oder her, da war er Fürther. Nicht mal, dass es in den Stadträten eine Initiative der SPD gewesen war, hatte ihn dafür stimmen lassen.

Es gab auch eine vernünftige Regelung der Reparationszahlungen, amerikanische Kredite flossen, meine Frau fand eine Stelle in Fürth und kam zurück. Es gab Brathering statt Heringsbrühe und immer öfter Fleisch, das sie herrlich zuzubereiten wusste. In der

Volkshochschule belegte sie einen Abendkurs für Buchhaltung. Sie hat dann auch eine gute Stelle gefunden bei Schickedanz. Bis der Krebs kam. Vom Schwarzen Freitag bekam sie nichts mehr mit. Die Beerdigung hab ich mit zwei Paar Schuhen bezahlt, ihrem Ehering und ihrem Eingemachten. Immerhin war ich keiner der Arbeitslosen, die zwei Jahre später in die sechs Millionen gingen. Ich musste nicht wie so viele ins »Wolferla«, das Wohlfahrtsamt im alten Krankenhaus. Ich brachte mich auch nicht um wie so viele.

Der Charleston war große Mode, und man sprach von Swing und der Zukunft, vielleicht nicht unbedingt in Fürth. Es ist auch nicht so geblieben; es bleibt nie. Aber das wissen Sie ja.

1929 kam einer zu uns und gestand den Mord, den doppelten. Fritz Güllich hieß er und war mehrmals Insasse von Heil- und Pflegeanstalten gewesen. Und auch wenn seine Frau meinte, dass er den Irrsinn damals nur simuliert habe, um einer Haftstrafe zu entgehen, konnten wir doch nicht anders, als ihn laufen zu lassen. Denn auch zur Tatzeit hatte er in einem Gefängnis gesessen. Ein verwirrter Mensch. Was aus dem geworden sein mag in diesen wirren Zeitläuften? Ob das Irrenhaus ihm ein guter Beschützer blieb?

1933 kam die Rede noch mal auf einen, aber der war bei der Fremdenlegion, und wir kriegten ihn nicht. War weltweit unterwegs in Kriegsgeschäften.

Im Mai wurde der Renner in ein Auto gezogen und war dann ein paar Monate später wieder da. Wir bekamen nichts aus ihm heraus, als dass er in Dachau gewesen war. Sonst kein Wort. Es wurde still. Aber das sagte ich schon, scheint mir. Still, weil es nichts mehr zu reden gab. Ich denke nur noch stumm.

Auch über den Blankenbach dachte ich nach, das tue ich noch immer.

Wir blieben auch 1928 nicht untätig, als der Brief kam, der ihn beschuldigte. Obwohl der Blankenbach da schon verstorben war, haben wir uns alles noch mal angesehen, haben Besuche bei der Familie gemacht, herumgefragt, nachgestochert. Aber nichts kam dabei heraus, kein Hinweis, keine Spur der Beute, gar nichts. Nur dass der Schreiber der Denunziation ein eingeschworener Feind des Blankenbach war und sehr persönliche Gründe hatte für seinen Anwürfe an einen Toten. Diese Feindschaft war am Ende das einzig Greifbare. Auf einen Verdacht, eine Aversion, auf die Zugehörigkeit zu einer Seite hin aber sollte keiner verurteilt werden. Wir legten den Brief zu den Akten, und da liegt er jetzt auch schon wieder elf Jahre lang.

Aber ich denke nach. Über die Marie Gring. Und darüber, ob nicht alles ganz anders gewesen sein könnte. Die Marie Gring, erinnere ich mich, war so ängstlich, dass sogar der Bruder nur mit dem vereinbarten Klopfzeichen in die Wohnung kam. Wen hätte sie also durch die Tür gelassen, so spät in der Nacht? Gewiss niemanden, den sie nicht gut kannte. In der Tat war es ein großer Zufall gewesen, dass der Endres in jener Nacht nach Hause kam. Keiner, der ihn nicht beschattete, hätte das wissen können. Die Frau Gring andererseits, die war immer nachts daheim – wäre sie das Ziel des Angriffs gewesen, hätte es weder Glück noch eine Beschattung gebraucht, um dabei erfolgreich zu sein.

Wenn es genau andersherum gewesen ist, als wir alle immer dachten? Wenn ein Bekannter vertraulich geklopft hätte und hereingelassen worden wäre. Einer, der so vertraut war, dass er seine Schuhe ausgezogen hätte. Der möglicherweise aus sehr persönlichen Gründen die Witwe ermordet hätte. Oder aus weniger persönlichen Gründen, die wir vielleicht gekannt hätten, wenn wir die Räume der Witwe durchsucht hätten, statt einfach der Aussage ihrer Geschwister Glauben zu schenken, dass sie nichts besaß.

Wenn dann überraschend der Andreas Endres, der Nachtschwärmer, nach Hause gekommen wäre, mit dem niemand hatte rechnen können? Und sich gewehrt hätte, wie es zu ihm passte. Es wäre vielleicht ein langer Kampf gewesen, weil der Mörder nur auf eine kleine Frau und wenig Gegenwehr eingestellt war. Weil der Mörder überrascht war und überfordert und auch nichts gegen den Endres hatte, was ihm geholfen hätte, die Sache schnell und gezielt zu beenden.

Ein Profi war das eher nicht, der dem Mann das Gesicht zerschnitten und das Messer am Schädeldach abgebrochen hat. Der diese Sauerei veranstaltete und mehrmals durch das Blut lief wie ein kopfloses Huhn. Während bei der Witwe: einige harte Stiche, vorsätzlich, sicher. Sie sehen das Bild? Es ist nur ein Bild, eines von vielen. Es wird verblassen wie die anderen.

Dennoch frage ich mich manchmal, was der Blankenbach wohl für eine Schuhgröße hatte. Und was hätte der Denunziant, der den Brief geschrieben hatte, denn für ein Motiv gehabt, einem Toten übel nachzureden. Andererseits: Was für ein Motiv hätte er gehabt, die Wahrheit zu sagen?

Die Wahrheit ist schwer aus der Mode in diesen Tagen.

Der Renner, mein guter alter Freund, würde mir da zustimmen. Es ist dunkel, er wird bald wieder klopfen, unser verabredetes Zeichen. Dann werden wir dasitzen und schweigen, zwei alte Männer. Mehr gibt es nicht mehr zu tun. Dieser Krieg, der meine, ging mir verloren. Der andere dauert an. Und etwas sagt mir, dass er noch lange nicht zu Ende ist.

EINE FRÄNKISCHE WINTERREISE
DIE FLUCHT AUS DER NÜRNBERGER FRONFESTE 1830

Friedrich heißt der Schmied und stapft mit eisernem Schritt durch Nacht und Schnee, jeder Schritt ein Schlag auf den Amboss. Sein Kumpan Hannes stolpert mehr, als dass er geht, ist öfter hinter ihm als neben ihm, und auch sonst will er nicht recht zu ihm passen.

Hannes hält erschöpft inne. Wie lange gehen sie schon? Eben haben sie die Rednitz überquert, und vor ihnen wächst das Dorf Oberasbach aus den Flussauen empor; also liegt Nürnberg erst eineinhalb Meilen hinter ihnen, Nürnberg mitsamt ihrer unfreiwilligen Wohnstätte, der Fronfeste, bewacht vom Eisengerichtsdiener Vogelsang und seinen drei Eisenknechten.

»Friedrich, mein Freund, mein Bruder! Halt ein! Mir ist kalt!«, ruft Hannes und zweifelt, noch während ihm die Worte aus dem Mund fliegen, ob sie den Schmied erreichen, so matt scheinen sie sich durch die Luft zu bewegen, woran liegt das nur? Können denn Worte ebenso einfrieren wie das Land um sie herum? Hannes hat von Vögeln gelesen, die bei übergroßer Kälte tot vom Himmel fielen, und fragt sich, ob dergleichen auch mit Worten geschehen kann. Gerufene Worte, die einfrieren und zu Boden stürzen – fast wäre er bei dem Gedanken in Gelächter ausgebrochen, wäre die Kälte nicht so groß, dass jeder Atemzug ihn schmerzt.

Friedrich bleibt stehen und wendet sich um. Worte können also doch nicht sterben.

Als Hannes ihn erreicht, holt Friedrich aus und versetzt ihm eine Ohrfeige, dass er einige Schritte rückwärtstaumelt.

»Willst du das ganze Dorf wecken? Geh gefälligst schneller, dann wird dir schon warm.«

Hannes hält sich die Wange. So hat er sich die Antwort nicht vorgestellt, aber Friedrich hat ja recht, weiter müssen sie, immer weiter, vielleicht ihr ganzes Leben lang immer weiter, weit weg von dort, wo der Vogelsang womöglich schon alles entdeckt hat, und als Hannes das bestürzte Gesicht des Eisengerichtsdieners vor sich sieht, will ihm bei allem Schmerz beinah schon wieder Gelächter aus dem Leib springen, der gute Vogelsang, der gütige Vogelsang, wie wird er sich erschrecken, wenn er sieht, was sie angerichtet haben.

Da schlägt eine Kirchturmuhr. »Eins«, zählen sie beide mit, »zwei«, »drei«, »vier«, beim zehnten Schlag ist Schluss.

»In einer halben Stunde, vielleicht auch erst um elf, wird der Vogelsang mit seiner Familie aus dem Theater zurückkommen«, sagt Friedrich und lässt unausgesprochen, was beiden vor Augen steht: die tote Magd in ihrem Blut, der tote Wärter in seinem Blut. »Die Reiter werden in der Nacht nicht mehr ausschwärmen, aber gleich früh am Morgen. Da wollen wir wenigstens schon in Heilsbronn sein. Weiter geht's!«

»Friedrich«, flüstert Hannes, »mein Freund, mein Bruder! Gib mir vorher einen Schluck zu trinken!«

Friedrich trägt den Tornister, darinnen der Proviant, den sie eilig zusammengerafft haben, Brot und Käse, Räucherwurst und Schinken und auch eine Flasche Birnenschnaps. Aber Hannes ist noch jung, zehn Jahre jünger als er, gerade einundzwanzig geworden, und er weiß noch nicht, dass man den Schnaps nicht auf dem Weg trinkt, sondern erst, wenn alles überstanden ist.

Du musst nur schneller gehen, will Friedrich noch einmal sagen, aber als er Hannes ansieht, weiß er, dass sein Kumpan niemals so schnell gehen wird, wie er gehen müsste. Hannes ist kein Schmied, er ist Buchhändler, er hat das Leben mehr gelesen als erlebt.

»Friedrich«, fleht er, »wozu haben wir denn dem Vogelsang den guten Schnaps davongetragen, wenn wir nicht davon trinken?«

Friedrich durchwühlt den Tornister. »Einen Schluck kannst du meinetwegen haben, aber dann muss es gut sein bis zum Morgen!« Hannes setzt die Flasche an und nimmt mehr als einen Schluck. Dann sieht er sich um. Wie hell die Nacht ist vom Schnee, so hell, dass man Angst bekommen könnte vor dem noch helleren Tag, der ihr folgen wird. Weiß wie unbeschriebene Buchseiten ist die Welt; nur er und Friedrich setzen mit ihren Stiefeln Buchstaben hinein, aus denen hoffentlich niemand ganze Wörter wird lesen können, denn die Wörter müssten lauten: *Da entlang sind sie gegangen, die zwei Spitzbuben, die aus der Nürnberger Fronfeste ausgebrochen sind und im Heim des braven Gerichtsdieners Karl Vogelsang blutige Spuren hinterlassen haben. Den Wächter Adam Kämmerer haben sie in einen Hinterhalt gelockt und ihn blutig gemeuchelt, ebenso die brave Magd, die Barbara Neubauer, und als wäre das nicht genug, haben sie fünfzig Gulden aus der Familienschatulle geraubt.*

»Friedrich«, sagt er, nachdem er vom Schnaps getrunken hat, »diese Welt ist unser unbeschriebenes Blatt, nein, aus vielen Blättern besteht sie, auch wenn die Bäume gerade kein einziges an sich tragen und wie schwarze Grabsteine auf einem verschneiten Friedhof stehen. Aber ich bin es gewohnt, Buchstaben und Wörter um mich zu haben, ich kann nicht in der Welt lesen, ich kann nur in Büchern lesen, und jetzt schreibe ich mich erstmals selbst in die Welt hinein, mit roter Tinte, die weithin leuchten wird.«

»Ich seh nichts von roter Tinte!«, gibt der Schmied zurück. »Weiter geht's!«

Er hat sich seit dem letzten Sommer die Zelle mit dem wunderlichen jungen Burschen geteilt, hat ihm beigebracht, wie man Wasserkessel fertigt, Leuchter, Laternen, die Frau Vogelsang auf den Markt getragen und verkauft hat. Dafür durften sie nach getaner Arbeit manchen Abend in der Vogelsang'schen Wohnstube statt in der Zelle verbringen, bekamen jeder vom Braten etwas ab und auch eine Maß Bier dazu, und Hannes hat zuweilen die kleine

Gesellschaft mit Gedichten unterhalten, die er allesamt auswendig im Kopf hatte.

Mutter Vogelsang war davon stets hoch entzückt, fast noch mehr als von all der Gerätschaft, die ihr auf dem Markt einen ansehnlichen Verdienst nebenbei einbrachte.

»Es ist so schade um einen jungen, gebildeten Menschen wie Sie, Herr Lober«, hat sie oft bei diesen Gelegenheiten gesagt. »Versprechen Sie mir, dass Sie als ein besserer Mensch aus dem Gefängnis gehen und Ihr Lebtag kein Geld mehr stehlen werden.« Hannes hat es jedes Mal versprochen. »Unser Franz, der hat so gar keinen Kopf für Gedichte. Im Rechnen hat er immer ein ›sehr gut‹, aber die Gedichte, die der Lehrer aufgibt, wollen ihm einfach nicht in den Kopf hinein. Meinen Sie nicht, dass Sie ihm ein wenig helfen können?«

So wurde Hannes von Fall zu Fall auch zum Hauslehrer für den ältesten Sohn der Familie Vogelsang.

Und jetzt ist er von einem seiner Mäntel umhüllt; auf dem Kopf wiederum trägt er eine Fellmütze von Vater Vogelsang, doch der frostige Wind, der ihnen entgegenbläst, ist wie mit Nadeln gespickt, die ihnen die Kleider durchstechen.

Das Dorf haben sie glücklich umrundet und bewegen sich nun abwärts in eine Niederung hinein, in der im Frühjahr ein munteres Bächlein sprudeln wird. Eigentlich eine kurze Zeitspanne, die den Februar vom Mai trennt, ein Vierteljahr nur, was ist schon ein Vierteljahr?, aber eben doch genug Zeit, um die Welt so zu verwandeln, als würde sie neu erschaffen.

Eine Weile später kommen sie an einem Gasthaus vorbei, davor eine Linde, es muss eine Linde sein, denn so steht es am Haus angeschrieben, »Zur Linde«, zwei Fenster schimmern, es müssen noch späte Gäste in der Stube sitzen, ach, wenn man da jetzt einfach hineingehen und sich wärmen könnte!

»Friedrich«, flüstert Hannes, »Friedrich! Können wir nicht …«, aber das Gesicht, das der Schmied ihm zuwendet, ist so furchterregend, dass es Hannes augenblicklich die Sprache verschlägt. Erst vor drei Stunden hat er dieses Gesicht zum ersten Mal gesehen – das war, als Friedrich dem Wächter den gewaltigen Hammerschlag auf den Kopf versetzt und ihm dann die Kehle durchgeschnitten hat, mit einem Gesicht, als wäre er plötzlich ein anderer Mensch geworden, ein ganz anderer Mensch als der, der sein Zellenkamerad gewesen, ja, ebenso wie die Welt ein freundliches Sommergesicht oder ein abweisendes, todverheißendes Wintergesicht zeigen kann, so kann es auch der Mensch. Das hat Hannes nie zuvor so erlebt, und er fragt sich, welches der beiden Gesichter denn das wahre ist, aber das ist, als würde man fragen, ob der Welt wahres Gesicht das des Sommers oder das des Winters ist. Hannes fühlt sich einem großen Gedanken auf der Spur, und der Gedanke treibt ihn voran, einem Ort entgegen, an dem er ihn aufschreiben kann, denn irgendwann, das weiß er, wird er Gedichte nicht mehr nur lesen und memorieren und deklamieren, er wird seine eigenen schreiben, und sein Name Johann Georg Paul Lober wird auf einem Buchumschlag prangen ...

Nein.

Er wird seinen Namen nie wieder verwenden können. Johann Georg Paul Lober wird für alle Zeiten der Mann sein, der am 19. Februar 1830 aus der Nürnberger Fronfeste ausgebrochen ist und seinem Zellengenossen Friedrich Cörper geholfen hat, zwei Menschen zu Tode zu bringen.

Auf einmal ein Rufen hinter ihnen.

»He!«, ruft eine Männerstimme, »heda! Wer seid ihr, Gesellen? Wohin des Wegs?«

Harmlose Worte, und doch jedes Wort ein Hieb, der sie vorantreibt, schneller, nur weg von hier. Dann: Hundegebell.

»Leo, lauf! Pack sie!«

Hannes will rennen, doch Friedrich hält ihn fest.

»Bleib stehen!«

Er wendet sich um, schnallt den Tornister ab und blickt dem Hund entgegen, einem Schäferhund, der fast schwarz aussieht gegen den weißen Schnee. Und Friedrich wartet, quälend lang wartet er auf den genau richtigen Augenblick, schlägt dem Tier mit Wucht den Tornister gegen den Kopf, rammt ihm dann ein Messer in den Leib, Hannes muss die Augen schließen, nicht schon wieder Blut, nicht schon wieder Blut. Gegen das entsetzliche Jaulen kann er seine Ohren nicht verschließen.

Da bekommt er einen Stoß.

Er weiß nicht, woher er die Kraft nimmt, aber er rennt, immer gleichauf mit Friedrichs langen Sprüngen, beide rennen sie über freies Feld, bis das Jaulen und Schreien hinter ihnen verebbt, bis sie ein Waldstück erreichen, das sie still umfängt.

Jeder an eine Buche gelehnt stehen sie da, und auch der starke Schmied ringt eine Weile nach Luft. Dann greift er in den Tornister, nimmt eine geräucherte Bratwurst heraus, reißt sie auseinander und gibt Hannes eine Hälfte. Greift abermals in den Tornister, zieht die Schnapsflasche heraus, nimmt einen großen Schluck und reicht sie Hannes. Der holt, nachdem er ebenfalls einen Schluck genommen, tief Luft und deklamiert:

»Getrost, mein Geist!
Der Herr verheißt,
Dein Gott zu sein, der Gott gebeugter Seelen
Unverhofft
Zeigt er oft
Dem Verzagten offenbar
Daß Zerstörung Schöpfung war.
Trotz dem Schmerz
Glaub, o Herz:
Aus den Trümmern, die vergehn
Wird das Beßre auferstehn!«

Nach seinen letzten Worten ist es um sie herum noch stiller, als es vorher war. Hannes nimmt abermals einen Schluck aus der Flasche, und seine Augen, die er eben noch vor der Welt verschlossen hat, beginnen zu leuchten.

»Ist das auch von diesem Goethe?«, will Friedrich wissen.

»Goethe? O nein, das ist von einem viel Besseren als Goethe, nämlich Christoph August Tiedge. Von dem wird man auch in hundert, was sag ich, zweihundert Jahren sprechen; ob indes auch von Goethe, das wag ich zu bezweifeln.«

»Tiedge?«, brummt der Schmied. »Nie gehört, den Namen.«

»Aber gewiss hast du das Lied schon gehört, das Lied aus Russland, zu dem er den deutschen Text gedichtet hat:

›Schöne Minka, ich muß scheiden,
ach, du fühlest nicht das Leiden,
fern auf freudelosen Heiden,
fern zu sein von dir!‹«

»O ja! Das hab ich selbst schon gesungen mit meinen Kameraden, als ich gedient hab.«

»Siehst du?«, freut sich Hannes. »Also hat Tiedge auch für dich gedichtet. Einen solchen Dichter wird man nicht vergessen.«

Und nun ist er es, der den Kameraden mitreißen muss, denn Friedrich sieht mit einem Mal müde aus, so unendlich müde.

»Der Hund«, sagt er. »Es war ein schöner Hund. Und ich hab ihn erschlagen.«

»Du hast auch die Magd erschlagen, die Neubauerin, und den Eisenknecht.«

Friedrich nickt nur, und Hannes spürt, wie die Kälte wieder von ihm Besitz ergreift, so erhitzt er eben noch gewesen ist. Eine Weile hält er inne und horcht in den Wald hinein, als wolle er ganz gewiss sein, dass niemand ihnen lauscht. Dann fährt er fort: »Ich hab sie nur festgehalten, die Neubauerin und den Eisenknecht, und du hast ihnen mit dem schweren Hammer aus der Werkstatt den Schädel eingeschlagen und mit dem Rasiermesser die Kehle durchgeschnitten.«

Warum er das sagt, weiß er selbst nicht, und ihm ist, als wäre erst jetzt alles wirklich und wahr, was sie getan haben, erst jetzt, da er es ausgesprochen hat.

Er reicht Friedrich die Hand, und gäbe es einen, der ihn sähe, könnte der meinen, Hannes reiche die Hand einem Mädchen, das er zum Tanz bittet. »Komm!«, sagt er. »Wir lassen alles hinter uns. Vor uns liegt die Freiheit!«

Friedrich schüttelt den Kopf. »Der Hund«, sagt er noch einmal. »Der wird uns verraten.«

»Und wenn! Morgen früh sind wir in Heilsbronn; noch drei weitere Tage, und wir sind im Württembergischen, noch zwei Tage, und wir sind im Badischen, dann noch einmal zwei Tage, und wir sind im Franzosenland!«

Friedrich setzt, von Hannes' Hand gezogen, einen Fuß vor den anderen in den Schnee.

»Wer hat gesagt, dass wir zum Franzosen gehen?«

»Das haben wir beide uns gesagt, als wir die langen Tage und langen Nächte in unserer modrigen Zelle verbringen mussten, während tief unter uns die Pegnitz aus der Stadt hinausrauschte, und erst recht, als die Briefe vom Gericht kamen, die uns jahrelanges Arbeitshaus ankündigten. Haben wir uns da nicht gesagt, dass wir diesem angekündeten Elend entfliehen wollen? Und hast nicht du selbst gesagt, wir wollen in Richtung Frankreich ziehen, weil du auf dem Weg, in Heilsbronn, einen Schwager hast, bei dem wir unsere erste Rast halten können? Und habe ich nicht gesagt, lass uns gleich ganz nach Frankreich gehen, die Sprache, die werde ich dir schon beibringen, darauf du, ›ach was, ich kann *bonjour* und *madame* und *monsieur*, und alles Weitere wird sich schon finden‹«

So zieht Hannes seinen Kameraden mit der Gewalt seiner Worte mit sich, durch das Land zwischen den schlafenden Dörfern, durch den Schnee, der jedes Jemandsland zu Niemandsland macht und jeden Jemand, der hindurchstapft, zu einem Niemand, und Hannes spricht, als wäre er gar nicht mehr Hannes, Hannes spricht, als wäre er aus dem Schnee zu einem Niemand geboren. »Nur Mut!«, spricht er, »je mehr wir Schnee sind, umso weniger werden sie uns finden, ja, haha, wahrhafte Schneemänner müssen wir werden, dass keiner uns erwischen kann, sag, müssen wir nicht bald in Heilsbronn sein?, aber nein, wären wir reglose Schneemänner, so müsste ja Heilsbronn zu uns kommen, dass wir es erreichen, aber – gib mir noch einen Schluck vom Birnenschnaps –«

»Psssst!«, macht der Schmied. »Ein Dorf vor uns!«

»Und wenn!«, gibt Hannes zurück. »Wer jetzt noch wach ist oder einen leichten Schlaf hat, der hält uns für einen Nachtmahr, wenn er uns denn hört. Nur würd ich zu gern wissen, wie das Dorf heißt, aber fragen werden wir niemanden können.«

»Ich denk, du hast dir aus der Landkarte im Franz seinem Schulbuch die Dörfer gemerkt?«

»Das freilich. Nur, bist du dir auch ganz gewiss, dass wir nicht vom richtigen Weg abgekommen sind?«

»Wir haben uns rechts von der Chaussee gehalten, die nach Ansbach führt.«

»Dann wird es Sichersdorf sein, vielleicht aber auch Anwanden, einerlei; der nächste größere Flecken, den wir passieren, muss Roßstall sein, daran müssen wir links vorbei, dann kommen wir, wenn wir nicht fehlgehen, nach Clarsbach. ›Bin gewohnt das Irregehen, 's führt ja jeder Weg zum Ziel. Unsere Freuden, unsere Wehen, alles eines Irrlichts Spiel!‹«

Friedrich stapft eine ganze Weile schweigend durch den Schnee, ehe er brummt: »Ist das vom selben, der die *Schöne Minka* gedichtet hat?«

Da schlägt wieder eine Kirchturmuhr, und diesmal müssen sie nicht zählen; sie schlägt die erste Stunde des neuen Tages.

»Das muss nun wirklich die Roßstaller Laurentiuskirche gewesen sein, wenn wir nicht völlig in die Irre gegangen sind; und der Dichter, das war der wackere Wilhelm Müller aus Dessau. Vor drei Jahren erst ist er verstorben, da war er nur um weniges älter als du, und er hat Gedichte über eine Winterreise geschrieben, die so vortrefflich sind, dass sein Stern für immer hell leuchten wird.«

»Was brauch ich Gedichte über eine Winterreise?«

»Die Winterreise vom Müller ist eine ganz andere als die unsrige. Aber auch über unsere Reise ließe sich einiges dichten.«

»Wenn wir unsere Reise hinter uns haben, will ich kein Wort mehr von ihr hören. Du wirst doch nicht wirklich Gedichte darüber schreiben wollen?«

Hannes muss tief Atem holen. Friedrichs Frage bringt ihm den Beginn ihrer Reise wieder in den Sinn. Ganz am Anfang standen die Urteile, die Anfang Februar über sie verhängt wurden. Friedrich hatte wegen Pferdediebstahls zwei Jahre Strafarbeitshaus zu erwarten, und Hannes, der seinem Lehrherrn in die Kasse gegriffen, eineinhalb.

»Du kennst das Zuchthaus nicht, aber ich kenn's! Da gibt's als Willkommensgruß gleich ein paar Peitschenhiebe. Und den Rest erzähl ich dir besser nicht, sonst bekommst du Lust, dich hier am Zellenfenster aufzuhängen.«

Hannes verstand. Sie mussten fort von hier. Der Plan war schnell geschmiedet. Die Vogelsangs pflegten einmal im Monat ins Theater zu gehen. An einem solchen Abend würden Friedrich und er den Wächter rufen, würden ihn inständig bitten, ob er ihnen nicht einen Abend in der Wohnstube gönnen wolle, mit einem Krüglein Bier dazu; er wisse doch, dass für sie bald eine lange, freudlose, entbehrungsreiche Zeit anbreche. Sobald sie erst in der Vogelsang'schen Wohnung wären, würden sie sich den Weg in die

Freiheit schon zu bahnen wissen – »koste es, was es wolle!«, hatte Friedrich am Ende gesagt.

»Koste es, was es wolle!«, hatte Hannes in die eisenharte Pranke eingeschlagen, die nur zwei Wochen später zwei Menschen das Leben kosten würde.

»Doch«, sagt er jetzt, »ganz gewiss werd ich's tun, sobald wir erst über den Rhein hinüber, oder besser noch, über den Rhein und die Vogesen hinüber sind. Dort werd ich dann der Jean Georges Paul Lobère sein, hörst du? – Lobère, klingt das nicht beinah wie Lorbeer? – und dich werd ich als meinen Diener Frédéric ausgeben – nein, noch besser! Ab jetzt schon werden wir so verfahren, ich der Lobère, du mein Frédéric. Ich werde französisch parlieren, mit wem immer wir zusammentreffen mögen, und du sagst brav dein *bonjour, monsieur* und *madame, merci* und *s'il vous plaît,* den Rest lass mich nur machen! Gibst du mir noch einen Schluck vom Schnaps? Ach, was frag ich groß? Frédéric! *Donne-moi la bouteille!* Gib mir die Flasche, *vas-y, mon cher, fais vite!* Die muss ja leer werden, denn bald werden wir Besseres bekommen, Champagner nämlich, *mon ami,* aber vorerst noch werden wir mit Bier vorliebnehmen, gleich im nächsten Gasthaus, das uns im Morgenlicht willkommen heißen wird, einerlei, ob es in Heilsbronn oder Petersaurach oder sonstwo in der Welt steht. Und überhaupt, was auch immer wir zu uns nehmen werden, in einer warmen Stube muss es geschehen, denn seit wir der Fronfeste entflohen sind, hat uns der frostige Wind unablässig ausgepeitscht, sag, war das nicht schlimmer als die Willkommenshiebe, mit denen man dich im Zuchthaus bedacht hat – nein?«

Friedrich gibt keine Antwort, gleichgültig stapft er dahin wie ein karrenziehender Ochse, als wolle er den Ausgleich dafür schaffen, dass seinem Kumpan die Gedanken in alle Richtungen springen. Das war schon in der Zelle so gewesen, wenn er das Eisen bearbeitet und Hannes über Buchstaben auf Papier gesprochen hat, und

Gott allein weiß, ob Hannes in seinem Leben mehr oder weniger Buchstaben zu sich genommen, als Friedrich Hammerschläge ausgeführt hat, oder ob sie gleichauf sind in ihren Künsten. Und wie es kommt, dass, nachdem sie Stunde um Stunde gegangen, ausgerechnet in dem Augenblick, da ihnen zumute ist, sie müssten im Licht des anbrechenden Tages, der ihnen in den Rücken fällt, alle viere von sich strecken und sich dem gnädigen Kältetod überlassen, ein Fuhrwerk sich aus der Richtung des Morgenlichts nähert – auch das weiß nur Gott. Und ehe sie überlegen können, ob es nicht besser wäre, sich abseits des Weges zu verdrücken, oder aber vielleicht den Fuhrmann zu meucheln und sich seiner Pferde zu bemächtigen, da ist er auch schon bei ihnen, so viel Kraft hat ihnen die Nacht geraubt, und hält an.

»Guten Morgen, Gesellen!«, ruft er, ein bärtiger Mann, in Mantel und Decke gehüllt. »Wenn ihr nach Heilsbronn wollt und einen Schluck Schnaps übrighabt, dann steigt auf!«

Den Wunsch des Fuhrmanns können sie erfüllen, ein Schluck Schnaps ist ihnen von der Flasche geblieben, die sie dem guten Vogelsang aus der Vorratskammer geraubt haben und die eigentlich bis Frankreich hätte reichen sollen.

Kaum sind sie aufgestiegen, kaum ist der Wagen angeruckt, kaum hat der Fuhrmann seinen Schluck genommen, da fragt er sie nach ihrem Woher und Wohin und wes Handwerks sie sind, und Hannes sagt: »Handwerk? *Non, non, Monsieur, je suis* – ich bin Dichter von *profession*, Jean Paul Lobère mein Name, und das ist mein getreuer Diener Frédéric.«

»Ein Dichter und sein Diener? Also seid ihr ehrliche Leute, das hab ich gleich gesehen. Ihr wisst ja, man kann nicht genug aufpassen. Erst letzte Nacht sollen zwei Spitzbuben aus dem Nürnberger Gefängnis ausgebrochen sein.«

Hannes erschrickt ganz aufrichtig. »Und die laufen immer noch frei herum?«, fragt er und vergisst völlig seinen französischen Akzent.

»Sogar genau hier in der Gegend«, erwidert der Fuhrmann. »Ganz gefährliche Burschen! Meinem Schwager in Unterweihersbuch haben sie den Hund erschlagen. Nur weil sie auf die Frage ›Wohin des Wegs?‹ keine Auskunft geben wollten. Wenn ich die beiden erwischen würde, ich würde sie eigenhändig am nächsten Baum aufknüpfen! Hooo, Lina! Hooo, Klara! Weiter geht's!«

Das Fuhrwerk fühlt sich nach dem Nachtmarsch an wie eine Heimat, in der wenigstens die Beine zur Ruhe kommen, der Kopf wenigstens nicht mehr über den richtigen Weg nachdenken muss, doch arbeiten andere Gedanken in Friedrichs, in Hannes' Kopf umso mehr, ohne dass sie darüber ein Wort verlieren dürfen, das vom rumpelnden Wagen fallen und von jemandem aufgelesen werden oder, schlimmer noch, dem Kutscher ins Ohr fliegen könnte, und überhaupt, jetzt, bei Tageslicht, muss man noch viel mehr aufpassen, dass die Worte nicht in fremde Ohren kommen und schon gar nicht in den Himmel flattern. Doch alles Aufpassen nützt nichts, wenn die Raben kommen und sich in die Menschenköpfe hacken, weil sie wissen wollen, was sich darinnen verbirgt, jeden Gedanken herausholen und ihn mit lautem Gekrächz der Welt verkünden.

Jäh erwachen sie aus ihren wirren Träumen, als der Fuhrmann vor einem Gasthaus anhält und verkündet, hier wolle er sie zu einer warmen Suppe einladen. »*Non, non, monsieur!*«, widerspricht Hannes in seinem besten Französisch, und Friedrich schüttelt langsam den Kopf. Hier dürfen wir nicht bleiben, will er damit sagen, wir müssen weiter, weg von hier, weg von den Menschen, aber da sagt Hannes, und er hört sich selbst überrascht zu: »*Il n'en est pas question*, kommt nicht infrage! Seien Sie unser Gast, *nous vous invitons, monsieur!*« Es muss der Traum sein, der ihn zu diesen Worten treibt, die Angst vor der Himmelspforte, vor der er einmal stehen wird, der Wunsch, ein besserer Mensch zu werden – oder ist es doch nur die Sehnsucht nach wenigstens einer Stunde in dem irdischen Paradies, das der Gasthof verheißt?

Sie treten ein, und Hannes wird vom herbeieilenden Wirt so servil begrüßt, als ahne er, dass die beiden Wandersburschen so viele Gulden bei sich tragen, dass sie bis ins Frühjahr hinein alle Gäste freihalten könnten, und Hannes fühlt sich geschmeichelt von dem Mann, der sich darauf versteht, hinter die Kulissen der Kleidung zu blicken, die nicht ihnen, sondern dem guten Vogelsang auf den Leib geschneidert wurde. Dem Friedrich indes entgeht nicht, wie falsch der Wirt lächelt, und legt dem Hannes seine schwere Hand auf die Schulter, nur sagen kann er es nicht, jedenfalls nicht auf Französisch, und so lässt er sich an Hannes' Schulter in die wohlig warme Gaststube ziehen, anstatt ihn zurückzureißen und ihm zu sagen, dass hier alles falsch ist und am allerfalschesten die Bücklinge des feisten Wirts. Ehe er sich's aber versieht, sitzen sie an einem Tisch, und mag auch kein Rotwein vor ihnen stehen, wie Hannes ihn eigentlich bestellt hat, so doch immerhin schäumendes Bier. Wo aber ist der Fuhrmann?, kommt ihnen jäh in den Sinn, als sie ihre Krüge heben und mit ihm anstoßen wollen, und da werden ihnen die Krüge so unheilschwer, dass sie sie kaum zum Mund führen können und sich kopfüber hineinstürzen möchten in den Trunk als letzte Flucht, die ihnen bleibt.

Und dabei ist das Schlimmste noch gar nicht geschehen, nämlich: »Friedrich!«, hören sie eine Stimme rufen, »Friedrich!« Es nützt nichts, dass Friedrich den Mantelkragen hochschlägt, die Mütze über die Stirne zieht und sich tief über sein Bier beugt; die Stimme kommt unerbittlich näher, und zu ihr gehört nicht nur eine weißledern bekleidete Hand, die sich auf seine Schulter legt, sondern ein ganzer Mensch, der eine hellblaue Uniformjacke trägt.

»Das ist er, mein ehemaliger Regimentskamerad Friedrich Cörper«, ruft er, »der wegen seiner Diebereien ins Gefängnis gekommen ist«, und kaum sind die Worte gesprochen, entfalten sie eine ungeheure Zauberkraft: Aus der einen Uniform werden zwei, aus zweien vier, aus vieren acht und immer weiter fort, bis die Gaststube ein einziges Blau ist, als hätte der Himmel selbst seine Heerscharen ausgesandt. Aber wären sie wirklich so unbarmherzig, wie es die vierundsechzig Soldaten sind? Keine warme Suppe gönnen sie den Delinquenten, sondern treiben sie hinaus in den scharfen Ostwind, vor dem kein Kutschengehäuse sie schützt; jeden Schritt, den sie hierher nach Heilsbronn gegangen sind, müssen sie nun wieder zurückgehen, dem Wind entgegen, der ihnen in die Gesichter beißt; zur Stärkung gibt es Stockhiebe, und statt Schnaps und Räucherwurst aus Vogelsangs Speisekammer bei jedem Dorf, das sie passieren, grimmige Worte dazu.

»Was gebt ihr euch noch Mühe mit diesen Lumpen?«, rufen die Bauern und Bäuerinnen, Knechte und Mägde am Wegesrand, »hängt sie doch gleich auf, und wenn ihr keinen Strick dabeihabt, können wir euch aushelfen!«

Von dem Gedicht, das auf dem qualvollen Wege wieder und wieder über Hannes' blau gefrorene Lippen kommt, erreicht kein Vers die Ohren seines Kumpans, nicht einmal der letzte:

»Fliegt der Schnee mir ins Gesicht
Schüttl ich ihn herunter.
Wenn mein Herz im Busen spricht,
Sing ich hell und munter.
Höre nicht, was es mir sagt,
Habe keine Ohren.
Fühle nicht, was es mir klagt,
Klagen ist für Toren.
Lustig in die Welt hinein
Gegen Wind und Wetter!
Will kein Gott auf Erden sein,
Sind wir selber Götter.«

LADYKILLERS. EINE FILMKOMÖDIE
DER RAUB DER ROSENKRANZMADONNA AUS DER KIRCHE MARIA IM WEINGARTEN, VOLKACH 1962

Ein junger Mann im Anzug ohne Krawatte, das an den Schultern breite Jackett offen, sitzt in einem Ford Chrysler 300 B Cabriolet in Metallicblau mit offenem Verdeck. Seine Elvis-Tolle glänzt vom Gel; er blättert in einem Prospekt. Über der Szene liegt Musik, die aus dem Radio kommt, *Ohne Krimi geht die Mimi nie ins Bett,* oder nein, etwas weniger eindeutig vielleicht: Peter Kraus mit *Western Rose*. Es ist ein strahlender Hochsommertag, die Umgebung erscheint ländlich, ein Feld ist im Hintergrund auszumachen.

In dem Hochglanzprospekt ist ein weiteres Letter Car sichtbar. Der junge Mann liest vor: »Die Passagiere nehmen auf vier mit Leder bezogenen und konturierten Einzelsitzen Platz, von denen sich die vorderen zu den Türen drehen lassen.« Er versucht einen Hüftschwung im Sitzen. »Cool«, intoniert er. Dann fährt er fort: »Eine durchgehende Mittelkonsole mit Armlehne, Staufach, Fensterheberschaltern, Aschenbecher und einem großen Drehzahlmesser durchläuft den kompletten Innenraum. Das Armaturenbrett fällt durch sein dreidimensionales Cockpit mit dem Astrodome auf, einem mit Leuchtfolie beleuchteten (Halb-)Globus mit 150 mph-Tacho.« Er bestaunt eine Menge an futuristischen Schaltern und Knöpfen. »Das solltest du dir ansehen.«

Er hat lauter gesprochen, denn sein Kollege, seinerseits in Anzughose, aber mit Polohemd und in die Stirn fallender Schmalzlocke, steht außerhalb auf einem Feldweg und richtet sich eben auf. Er wischt sich mit einem Stofftaschentuch den Schweiß aus der Stirn und schaut vorwurfsvoll.

Ungerührt blättert sein Freund um. »Oder hier, der neue Mercedes Benz Typ 300 SE. Der hier hat einen Drei-Liter-Einspritzmotor aus Leichtmetall mit 160 PS, servounterstützte Scheibenbremsen an allen vier Rädern, ein Viergang-Automatikgetriebe, eine neu entwickelte Servolenkung, Luftfederung.« Er juchzt und hoppelt, dass der Wagen wackelt. »Das ist der Nächste, den ich mir kaufe, ich schwör's.«

Sein Kollege, der seine Arbeit jetzt beendet hat, bleibt ungerührt. »Fahr an«, kommandiert er. Man hört hier schon den unterfränkischen Akzent.

Man sieht ein Abschleppseil auf dem Boden liegen, das sich strafft, als der junge Mann im Wagen gehorcht, den Motor anlässt und schaltet. »Der fährt fast 200 km/h«, verkündet er und fährt sportlich an.

Man erkennt, dass das andere Ende des Seils an einem sandsteinernen Feldkreuz befestigt ist, als das Seil sich auch schon spannt. Das Kreuz stürzt und knallt, mit dem fast lebensgroßen Christuskorpus voran, auf die Erde, dass es staubt. Der Fahrer steigt aus und kommt pfeifend zu seinem Freund, der bereits Hammer und Meißel in der Hand hat, um den Korpus vom Kreuz zu entfernen. Der Freund wirft ihm ein paar Handschuhe zu. »Wenn er kaputt ist, kannst du dir gar nichts dafür kaufen.«

»Du klingst schon wie der Franz«, beschwert sich der Fahrer mit sichtlich unverderbbarer Laune und zieht die Handschuhe entschlossen an.

Man sieht, wie sie etwas Schweres in den Kofferraum wuchten, das Auto geht in die Knie, sie schließen die Klappe und fahren über den Feldweg durch die grüne fränkische Landschaft davon, von der die aufsteigende Kamera immer mehr einfängt. Die Stimme des Fahrers, die noch immer begeistert Details über Automotoren referiert, bleibt hörbar, vermischt jetzt doch mit Bill Ramseys *Ohne Krimi geht die Mimi nie ins Bett.*

Man folgt dem Auto durch Felder, ein Dorf, in dem Passanten ihnen träge nachsehen, Hühner laufen über die Straße, eine Tankstelle, der Spritpreis 0,69 DM, man nähert sich Bamberg. Menschen auf der Straße, die Frauen in eng taillierten Kleidern mit schwingenden Röcken, die Männer teils in Anzügen, teils in weiten Hosen und karierten Hemden. Saubere Seitenscheitel bei den Herren, die kurzen Frauenhaare toupiert, wippende, spraystarre Außenrollen, spitze Schuhe mit Absatz.

Ein Zeitungskiosk mit Modezeitschriften, auf denen Marilyn Monroe zu sehen ist, Tageszeitungen, die vom Staatsbesuch Adenauers in Frankreich berichten und von Franz Josef Strauß' Aussage, die Korruptionsvorwürfe gegen ihn würden vom Osten gesteuert. Eine Lokalzeitung zürnt: »Inflation – nur noch 13 Semmeln für die Mark.« Und ein Cover des *Stern* fragt: »Brennt in der Hölle wirklich ein Feuer?« Kirchenglocken – wir sind in Bamberg –, Geschäfte mit Kirchenbedarf, dazu fröhliche Musik, vielleicht von Connie Francis.

Das Auto biegt in einen Hinterhof, halb Werkstatt, halb Atelier, beides als Bruchbude. Man sieht ein Durcheinander von sakralen Statuen, Kreuzen, Armen, Beinen, Köpfen, unbearbeiteten Steinen, Holzplatten.

Im Inneren betrachtet ein Dreißigjähriger in Arbeitskleidung den ramponierten Christus, fährt mit den erfahrenen Fingern eines Bildhauers über den Stein, brummt etwas.

Der Pflichtbewusste der beiden jungen Männer guckt ertappt, der Autofan bleibt ungerührt: »Das kannst du doch beheben, Franz«, meint er.

Der Bildhauer brummt. »Was steht als Nächstes an?«

Der Pflichtbewusste sucht in seiner Hosentasche nach einem Zettel: »Das Käppele bei Zeil am Main«, liest er vor. »Die Walburgiskapelle auf dem Walberla. Die Gügelkapelle bei Scheßlitz. Alles schön abgelegen.«

Franz, der Bildhauer, nickt, den Blick nicht von dem Christus wendend. Er tastet hinter sich nach einem Werkzeug. »In Volkach wär was Wertvolles«, sagt er nur.

Der Autofan ist interessiert. »Was richtig Wertvolles, ja? Was Großes? Nicht bloß so ein Gerutsch?« Er knüllt den Autoprospekt in seiner Hosentasche.

»Groß isses«, brummt der Bildhauer und beginnt am Christus herumzuoperieren. »Ihr würdet einen Pritschenwagen brauchen.«

Der Autofan verzieht das Gesicht. »Ich steig doch nicht in einen Laster.«

»Der Manfred käm an einen Pritschenwagen«, sagt der Pflichtbewusste. »Seine Eltern haben doch diesen Kfz-Betrieb.« Er geht näher an den Bildhauer ran, der jetzt konzentriert arbeitet, und fragt von der Seite, dicht an seinem Ohr: »Und es würde sich lohnen?«

Auch der Autofan schiebt sein Gesicht dazu. Man sieht, dass er denkt: *Mann, was Großes.* Das farbverspritzte Werkstattradio im Hintergrund schaltet in diesem Moment von Sportnachrichten zu Musik um, vielleicht Cliff Richard, *The Young Ones*. Der Bildhauer greift zur Seite und stellt die Musik ab, um weiterzuarbeiten. Er antwortet nicht.

Der Pflichtbewusste tauscht einen Blick mit dem Autofan, der mit den Schultern zuckt, die Hände in die Hosentasche steckt und wegschlendert. Er wartet und fährt dann fort: »Ich frag nur, weil da noch die Sache mit den Pelzmänteln in Istanbul wär, die könnten wir ganz groß aufziehen.«

Der Autofan geht inzwischen herum, Hände in den Hosentaschen, und schneidet den Köpfen der Statuen Grimassen. »Oder endlich mal ne Bank«, sagt er mit Nahblick ins Gesicht eines verzückt lächelnden heiligen Sebastian.

»Ich meine ja nur«, fährt der Pflichtbewusste fort. »Wenn wir das Risiko mit dem Manfred eingehen, muss sich das lohnen.« Er wartet. Der Bildhauer arbeitet weiter.

»Also ist es wirklich wertvoll?«, fragt der Pflichtbewusste noch mal.

Franz schaut auf. »Warst du auf der Kunstakademie oder ich?«, fragt er. Er spart es sich zu erwähnen, dass es sich um ein Werk von Tilman Riemenschneider handelt, einem der bedeutendsten Renaissancekünstler überhaupt. Perlen vor die Säue. Weiß der andere, dass der Marktwert bei einer Million oder darüberliegt? Ahnt er es auch nur? Der Bildhauer erwähnt nichts dergleichen, werkelt nur weiter und vermittelt die Sicherheit eines gewieften Handwerkers.

Der Pflichtbewusste tritt zurück, auch er ein Experte auf seinem Gebiet, nicht willens, weniger cool zu wirken als der Bildhauer. Sein Blick sucht seinen Kumpel, der gerade dem heiligen Sebastian am Pfeil herumzupft. »Also Volkach«, stellt er betont gelassen fest.

Ein grauer Pritschenwagen arbeitet sich in tiefer Nacht durch eine schmale Straße zwischen Weingärten einen Hügel hinauf und rangiert vor einer über zwei Meter hohen Natursteinmauer, wo er zum Stehen kommt. Heidi Brühl singt aus dem Radio *Bitte spiel nicht mit mir*. Der Fahrer, der noch unbekannte Manfred, stellt die Musik mit schwarz behandschuhter Hand leiser.

Die beiden schon bekannten jungen Männer steigen aus, holen Rucksäcke mit Werkzeug, ein Seil. Sie stellen sich ziemlich an, erst von der Ladefläche, dann von der Fahrerkabine des Wagens aus per Räuberleiter auf die Mauer zu kommen. Fast zu spät fällt ihnen ein, dass sie einen Rückweg benötigen, und sie machen noch einmal kehrt, um das Seil am Wagen zu befestigen und über die Mauer zu werfen. Alles noch einmal von vorne, viel Unbeholfenheit und Gefluche. Endlich geschafft.

Der Autofan kämmt mit beiden Händen seine Elvis-Tolle zurück, als sie an der Kirche hinaufsehen. Die Fenster des Altarraums sind sehr weit oben angebracht. »Rauf, runter, wieder rauf«, meckert er noch und beginnt eben, einen aberwitzigen Plan zu entwickeln, wie sie an ein Fenster gelangen könnten, an dem sich womöglich ein Seitenflügel öffnen lässt. Oder sollten sie es mit der Seitentür versuchen? Sein Freund versucht einen mächtigen Tritt dagegen und jault auf. Schon grinst der Autofan wieder: »So oder so, es wird wehtun.« Er greift zur Werkzeugtasche, die vielversprechend klirrt.

In der nächsten Szene folgt mit hartem Schnitt ein zweiter, noch viel lauterer Krach, mit dem die *Rosenkranzmadonna* aus mehreren Metern Höhe auf den Altar stürzt, wobei zahlreiche Putten und Holzteile abbrechen. Auf dem Boden ein schreckliches Durcheinander von Spänen, Staub, kleinen Holzteilen wie Puttenflügeln, Armen, alle groß herangezoomt, die Kamera springt um das Desaster. Der Autofan steht da, die Hände in den Hüften. Der Pflichtbewusste hockt inmitten der Trümmer, hat etwas abbekommen und blutet aus einem Riss an der Stirn, den er missmutig mit seinem Taschentuch betupft. »So geht es also auch«, kommentiert der Autofan fröhlich.

Schnitt. Sie stehen nun beide wieder und betrachten die Bescherung. »Der Franz war auf der Kunstdings, der kriegt das wieder hin«, sagt der Autofan und stößt den Pflichtbewussten mit dem Ellenbogen.

Der wiederholt ein wenig erbittert die Worte des Bildhauers: »Groß isses, groß isses.« Dann, mit eigener Stimme: »Das Miststück wiegt bald drei Zentner.« Er atmet tief durch, dann steckt er das blutige Taschentuch weg und krempelt die Ärmel hoch.

»Wie kriegen wir die ins Auto?«, fragt der Autofan.

»Wir zerlegen sie.« Der Pflichtbewusste greift entschlossen zum Hammer.

Der Autofan fragt: »Geht sie davon nicht kaputt?«, erntet aber nur einen tiefen Blick. Nach einer Weile nimmt er das ihm hingehaltene Werkzeug und schwingt es. »So muss es also auch gehen«, murmelt er.

Es ist Zeit vergangen, das Werk getan, als der Pflichtbewusste sagt: »Sammel du das Kleinzeug ein.« Sein Blick schweift und fällt nacheinander auf die Dinge, die sie außerdem noch rauben werden: eine Pietà, eine Anna selbdritt, Figuren von einem Epitaph. Der Jüngere hält einen Putto hoch und stupst ihn an der Nase.

In der Abschlussszene sieht und hört man, wie der Pritschenwagen ungeschickt rangiert wird. Zwei Männer laufen drauf zu und steigen ein, der Letzte ruft noch »Jihaaa!«, als er einen Sack auf die volle Ladefläche schleudert, dann sind sie drin und brausen los, der Wagen schlingert.

Im Kontrast zu dieser Dynamik erscheint ein Schlafzimmer wie aus dem neunzehnten Jahrhundert, eng, dumpf, ländlich, dunkles Holz, kitschiges Heiligenbild über dem Bett. Eine ältlich aussehende junge Frau, die Tochter des Mesners, der neben der Kirche wohnt, erwacht, geht erst ans Fenster, läuft dann alarmiert hinaus, bemerkt die offen stehende, erbrochene Kirchentür und steht schließlich im Nachthemd, das im Wind weht, hilflos vor dem Kirchenmauertor, das sie in aller Eile geöffnet hat, um nur noch das Verglimmen der Rücklichter auf dem Weinbergweg zu sehen. Ihr Vater, dick, Haarkranz, im Bademantel, tritt neben sie; ratlos blicken die beiden biedermeierlichen Gestalten den Flüchtenden nach. Carlos Oteros *Weine keine Träne um mich, Bella Maria* könnte erklingen.

Eventuell sieht man noch, wie sich wenig später der Mesner mit dem Rad aufmacht, um die schreckliche Botschaft ins Tal nach Volkach zu bringen, und eifrig auf dem wackeligen, altmodischen Gefährt tritt.

Die Redaktionsräume des *Stern*, gespickt mit erfolgreichen Titelbildern der Vergangenheit; ein feist und selbstverliebt wirkender Typ gibt den Chefredakteur Henri Nannen; er tigert umher auf der Suche nach einer neuen, mitreißenden Idee. Als Musik dazu etwas Sehnsuchtsvolles, wie Nana Mouskouris *Am Horizont irgendwo* oder *Blaues Boot der Sehnsucht* von den Blue Diamonds. Eventuell auch etwas Sakrales.

»Die Loren, die Lollo, die Cardinale – wir bräuchten mal wieder was Blondes.« Er bleibt vor einem Cover stehen, das fragt: *Sind Stewardessen glückliche Mädchen?* »Was von Bedeutung.«

Ein Jungredakteur schlägt vor: »Die Sowjets haben einen Atomwaffentest in der Antarktis gemacht. Den könnte man … mit einer rassigen Russin … mit Pelzmütze.« Er verstummt. Ein anderer: »Nelson Mandela wurde verhaftet.« Er geht in sich. »Aber ich glaube nicht, dass Miriam Makeba sich dafür auszieht.«

»Fragen könnten wir.« Sie verstummen.

Der Chefredakteur ist unzufrieden, er tigert weiter, raucht, starrt aus dem Fenster. »Etwas ganz und gar Neues und Einmaliges.« Er kehrt zurück zum Tisch, auf dem stapelweise Regionalzeitungen liegen.

»Die Misswahl steht an«, schlägt der Jungredakteur vorsichtig vor, der andere wagt ebenfalls einen Vorschlag: »*Was ziehen wir im Urlaub an?* Das ist lebenspraktisch, modisch und bietet Chancen auf viel Haut.« Er klatscht in die Hände. »Alle Fliegen mit einer Klappe.«

»Was von Bedeutung«, wiederholt der Chefredakteur, und sein sehnsuchtsvoller Blick aus dem Fenster samt der Feldherrenhaltung machen klar, dass sich hier ein Mann von Format nach der Mission seines Lebens sehnt, die ihn endlich ins rechte Licht rücken wird. Seine freie Hand – in der anderen hält er eine Zigarette – sucht auf der Brust nach der Napoleon-Geste. Die Musik wechselt zu französisch-hymnisch.

»*Praktische Winke für die gute und die böse Ehefrau*«, schlägt der Jungredakteur vor. »Das wäre doch wunderbar moralisch.« Er versichert sich der Zustimmung. »Und anzüglich wäre es zugleich.«

Der Chefredakteur hört nicht hin; er hat in dem Zeitungsstapel etwas entdeckt, greift zu und liest.

»Jackie Kennedy wär auch mal wieder fällig«, meint der andere Redakteur. »Vielleicht: *So urlauben die Reichen und Nackten*. Ich meine: *Schönen*.«

Der Chefredakteur aber ist bereits von seiner Lektüre gefesselt. »Das ist es.« Fiebrig geht er auf und ab: »Ein großes Verbrechen, eine Jungfer in Nöten, die mit Anstand«, er schaut auf, »ich meine Abstand ... die mit Abstand berühmteste Frau der Weltgeschichte, die schönste.«

Man sieht ihn erwartungsvoll an.

»Und ich werde sie retten.« Er reicht die Zeitung, in der er gelesen hat, dem Jungredakteur. Derweil nimmt er wieder Haltung an. »Wer wäre berufener?«

Der Jungredakteur gibt sich verwundert: »Eine Madonnenfigur? Sind wir denn der Kirchenfunk?«

Der Chefredakteur neigt sich vor, nimmt die Zigarette aus dem Mund. »Das ist ein Riemenschneider, Sie Idiot. Die Skulptur ist unbezahlbar. Unbezahlbar.« Als keine Antwort kommt, schaut er kurz auf. Im selben Ton wie zuvor der Bildhauer seine Kumpane fragt er: »Haben Sie Kunstgeschichte studiert oder ich?«

Er richtet sich voll auf, malt mit der Zigarette Figuren in die Luft, die seine Worte illustrieren. »Unbezahlbar. Unwiderbringlich.« Er übt sichtlich und sucht schon nach den Worten für die Schlagzeile. »Ein Menschheitserbe, das nicht verloren gehen darf.«

»Sie meinen, die ist teuer?«, fragt der andere Redakteur.

Der Chefredakteur grinst. »Jede Menge Geld«, versichert er.

»Die Unterfranken jedenfalls hatten sie weder versichert noch mit Alarmanlagen versehen«, stellt der Jungredakteur klar, der immer noch den Artikel liest. »Und nachweinen tun sie ihr auch nicht. Hier steht, sie trauern um die andere Figur. Die war wundertätig.« Fragend schaut er auf.

»Das Wunder werden wir bewirken!« Der Chefredakteur ist in seinem Furor nicht mehr zu bremsen. Er wird aktiver, beginnt sich Notizen zu machen. »In dunkelster Nacht ... von schnöder Diebeshand ...« Er liest, murmelt: »Die Polizei ist ratlos, sehr schön, sehr schön. Da kommen wir als Deus ex machina ...« Er schreibt weiter.

Die beiden jüngeren Männer schweigen. Schließlich versucht es der Jungredakteur: »Und glauben Sie, unsere Leser interessieren sich so für Kunst? Selbst wenn sie teuer ist?«

Jetzt schaut der Chefredakteur auf. »Oh, wir werden die Sache eben interessant machen. Wir werden frech sein, wir werden innovativ sein. Und mutig.« Mit viel Pathos: »Mutige Idealisten, das zieht immer, wenn man es richtig dosiert.« Er schaut den beiden in die Augen. »Den Leuten werden die Tränen kommen, glauben Sie mir.« Er lächelt. »Die Umsätze werden durch die Decke gehen!« Jetzt sehen auch die beiden jüngeren Männer sehr zufrieden aus.

Gerd Böttcher verkündet fröhlich: *Für Gabi tu ich alles*. Im Kontrast dazu die vier Diebe in trauriger Runde. Der Bildhauer vor der ramponierten *Rosenkranzmadonna*, drumherum gruppiert alles Abgebrochene, Flügel, Putten, Hände, Holzspäne. »Ein Riemenschneider, kein Zweifel«, murmelt er, als die Musik leiser wird.

»Und?«, will der Pflichtbewusste wissen. »Was werden wir dafür kriegen, so über den Daumen?«

Auch die beiden anderen schauen interessiert.

»Hast du nicht gehört, was ich sage?«, sagt Franz, der Bildhauer, deutlich lauter. »Das ist ein Riemenschneider. So was kann man nicht an der nächsten Ecke verkaufen.«

»Ja, aber ...?« Der Autofan macht ein fragendes Gesicht.

»Wenn's doch wertvoll ist?« Er wendet sich an seine Kumpane. »Letztes Jahr auf der Frankfurter Automobilmesse haben sie den BMW 1500 vorgestellt. Und jetzt im Oktober ist er endlich lieferbar.« Er macht ein paar Tanzschritte. »In zwei Monaten könnte ich das Geld gut brauchen.«

Manfred, der Fluchtfahrer von Volkach, stimmt ihm zu. »Oder den Ferrari 250 GTO«, schlägt er vor. »Ich hab gehört, von dem bauen sie nur ganz wenige Exemplare.«

Der Bildhauer richtet sich auf und wirft den Lappen fort, mit dem er den Staub von der *Rosenkranzmadonna* gewischt hat. »Meine Kontaktleute haben sich klar ausgedrückt. Sie trauen sich nicht, das zu verticken, die Feiglinge.« Er greift wieder nach dem Lappen und zerknüllt ihn. »Wenn wir das irgendwo anbieten, haben sie uns sofort.«

»Unverkäuflich?«, fragt der Pflichtbewusste mit Grabesstimme. Er ballt die Faust.

»Unverkäuflich.« Der Bildhauer nickt und stöbert in seinen Sachen.

Der Autofan schaut immer noch fragend.

Der Fluchtfahrer erklärt es ihm. »Das ist, als wolltest du einen geklauten Ferrari 250 GTO verticken; jeder wüsste sofort, der ist geklaut.«

Der Autofan nickt.

Manfred, der Fluchtfahrer, ein im Übrigen etwas schmieriger Typ, ergänzt: »Oder als würde man versuchen, die Monroe an ein Bordell zu verkaufen.«

»Oh nee«, der Autofan lacht schon wieder. Bei ihm hält schlechte Laune von Natur aus nicht lang. »Also was dann? Wieder Zeil und Scheßlitz und das Walberla oder was?« Er schaut zum Pflichtbewussten, der aber noch schmollt und Abschied nehmend die *Rosenkranzmadonna* tätschelt: »Und da hatten wir einmal die Monroe.«

Manfred lacht, der Autofan mit. »Und wie geht's deiner Ilona«, fragt der Autofan dann, »hat sie mitgemacht bei den Fotos?«

Manfred feixt und zieht gewagte Fotos heraus. Sie tauschen sich aus, pfeifen anerkennend, sind völlig beschäftigt.

»Und wenn wir …«, beginnt der Pflichtbewusste, der nicht loslassen mag, aber der Bildhauer klatscht ihm eine Dose in die Hand. »Was ist das?«

»Schuhwichse«, sagt der Bildhauer. »Wir müssen das Holz konservieren, ehe wir es vergraben. Hier müsste auch noch irgendwo Bohnerwachs sein.« Er schaut sich um, bemerkt den Fluchtfahrer mit seinen anzüglichen Fotos, der eifrig gerötete Wangen hat. Er fragt ihn: »Hat deine Mutter noch ihren Garten?«

Szene einer Prozession; die Volkacher gehen in stummen Reihen, Kerzen in den Händen, durch ihre Stadt zur Kirche Maria im Weingarten. Es ist eine Bußprozession. Man sieht Sechzigerjahre-Mode und Tracht, Kopftücher neben Frauen mit Toupierfrisuren und Lackhandtaschen, die Köpfe alle gesenkt, Männer mit rasierten Nacken und welche mit Stirntollen, mit Anzügen und bunten Hemden (unterm Sakko), alle Mienen ernst. Die Stimme des Vorbeters intoniert: »Herr, vergib uns unsere Schuld.«

Die Menge antwortet: »Wie auch wir vergeben unseren Schuldigern.«

Die Vorbeterstimme setzt neu an: »Herr, vergib uns unsere Schuld, uns, die wir nicht daran gedacht haben, eine Alarmanlage zu installieren, uns, die an Geld und Engagement gespart haben. Wir, die durch unseren Leichtsinn mitschuldig geworden sind am Verlust, wir bitten dich: Erhöre uns.«

Die Prozession geht durch das Zentrum des Städtchens. Am Rand steht der Chefredakteur, im Gespräch mit dem Vikar der Kirche. Eben sagt er: »Ich war schon beim Generalstaatsanwalt, übrigens ein Freund von mir, und beim Bischof, keine Sorge, alle geben grünes Licht.« Er raucht, sehr selbstzufrieden. »Ich sage Ihnen, in einem Monat haben Sie Ihre *Madonna* zurück. Ich persönlich werde sie der Menschheit ... werde sie Ihnen wiederbringen.« Er strafft sich.

Einige tragen neben den Kerzen Bilder des verlorenen Diebesguts, um dessen Rückkehr sie beten: Es ist die wundertätige Madonna, nicht die Riemenschneider-Figur. »Wir bitten dich, erhöre uns«, antwortet murmelnd der Chor.

Der Vikar sieht ihnen nach. Zweifelnd fragt er: »Und warum wollen Sie das tun? Sich mit Dieben einlassen – ist das nicht gefährlich?«

Der Chefredakteur lacht wie einer, dessen tägliches Brot die Gefahr ist, verschluckt sich am Rauch und muss husten.

»Und das ganze Geld«, insistiert der Geistliche.

Der Chefredakteur hustet zu Ende und lacht. »Kleinigkeit«, erklärt er und fügt hinzu, als er das Gesicht des Vikars sieht: »Das ist doch alles von der Steuer absetzbar. Ein Riesen-PR-Coup. Neben den Idealen natürlich.« Zufrieden betrachtet er die pilgernde Menge und gibt einem Fotografen, den er dabeihat, ein paar gestische Anweisungen für Bilder, die er schießen soll. »Gerade wegen der Ideale. Die Leute stehen auf Ideale. Schauen Sie sich um.« Jovial nickt er in Richtung der Gläubigen, deren Parade er quasi abzunehmen scheint. »Die Auflagen werden durch die Decke gehen. Keine Sorge«, sagt er, winkt dem Fotografen und legt dem Vikar einen Arm um die Schulter. »Sie kommen mit aufs Foto.« Die Kamera entfernt sich.

Ein einzelner Zeitungskiosk in der Großstadt erscheint, stellvertretend für alle Kioske im Land. Dutzende von Blättern stechen hervor, werden groß, wirbeln heran, bis sie als wachsende Collage den Blick ausfüllen. Blätter, in denen große Anzeigen geschaltet sind: »Gebt die Madonna von Volkach zurück!«, »100.000 Mark«,

»Ehrenwort, die Polizei nicht einzuschalten«. Ein eifriger, in alle Richtungen beschäftigter Verkäufer, ausgestreckte Hände, der *Stern,* der reißend weggeht.

Ein Leser des *Stern,* der enttäuscht feststellt: »Mensch, da geht's ja bloß um ne Statue. Die schreiben gar nix von dem großen Raub.«

Der feixende Zeitungsverkäufer: »Das kommt nächste Woche, guter Mann. Das kommt nächste Woche. Bleiben Sie dran!« Dann wieder seine laute Stimme an alle: »Kaufen Sie! Kaufen Sie!« Die zahlenden, fordernden Hände, die aufgeschlagenen Seiten.

Wieder die Schlagzeilen, das Rauschen im Blätterwald: »Darf man Ganoven sein Ehrenwort geben?«, »Ehrfurcht vor der Kunst oder Hehlerei?«, »Hier wird ein ruchloses Verbrechen honoriert«, »Ist es zu fassen, Räuber werden als Ehrenmänner behandelt!«.

Und wieder und wieder »100.000 Mark«, bis die Leinwand von der Zahl ausgefüllt ist.

Dann das Klatschen, mit dem diese Zeitung auf einen Tisch gehauen wird. Es ist der Tisch im Atelier des Bildhauers. Der Pflichtbewusste hat die Zeitung mitgebracht. Die anderen beiden Kumpane stehen hinter ihm. Zu dritt schauen sie auf den lesenden Bildhauer hinunter.

»Wir sind gerettet«, sagt der Pflichtbewusste. Der Autofan strahlt.

»Los«, sagt Manfred, der Fluchtfahrer. »Graben wir sie wieder aus.«

Im Folgenden sieht man stumme Spielszenen, über denen die Stimme des Bildhauers liegt. »Wir müssen vorsichtig sein. Sie werden hinter uns her sein wie nur was«, sagt er.

Dazu sieht man Polizisten, die zwei englische Touristen aus ihrem Pritschenwagen heraus verhaften, weil sie Fotos von einigen der geraubten Kunstwerke und eine Landkarte dabeihaben. Sie müssen sich mit dem Gesicht zum Auto hinstellen, Hände auf dem Wagendach, versuchen vergebens zu gestikulieren, während ihr Wagen auseinandergenommen und durchsucht wird. Sichtlich sind sie einfach Verbrechenstouristen, aufgeregt und empört über die Behandlung. Eventuell läuft die Szene einen Tick schneller ab, wie ein Stummfilm.

Wieder die Stimme des Bildhauers: »Wir müssen unsere Spuren gut verwischen. Sie auf falsche Fährten locken.« Dazu sieht man Polizisten, die eine Münchner Bahnhofstoilette umstellen, sich anschleichen, die Kabinen einzeln stürmen, das Unterste zuoberst drehen, aber nur gebrauchte Taschentücher und Müll finden, keine Kunstwerke. Es ist niemand da.

Wieder die Stimme des Bildhauers: »Wir müssen sicherstellen, dass das Angebot ernst gemeint ist.« Dazu sieht man einen Mesner, der Objekte auf den Stufen des Kölner Doms aufhebt; Passanten kommen dazu. Was der Mesner gefunden hat, sind kleinere Figuren vom Raubgut, mit ausgerissenen Seiten des *Stern* beklebt. Ein herbeigerufener Polizist hebt sie ratlos hoch, während sich eine Traube von Leuten um ihn bildet.

»Wir müssen sie in Atem halten«, sagt der Bildhauer. »Immer am längeren Hebel sitzen. Wer entscheidet, was geschieht, das sind wir.« Pause. »Und wir müssen nach Hamburg.«

»Nach Hamburg?«, fragt eine verwirrte Stimme.

Jetzt bricht die dramatische Musik, die alles untermalt hat, ab, am besten Freddy Quinns *Keine Bange, Lieselotte*, dafür kommen, zu Bildern von eifrig konferierenden Journalisten und suchenden Polizisten, die Stimmen der Kumpane zu Wort, die einander Fragen und Antworten zuwerfen.

»Was wollen wir denn in Hamburg?«

»Da sitzt der Typ, du Idiot.«

»Und wenn sie es sich dann anders überlegen?«

»Wir entführen ihre Frauen. Oder die Kinder. Weil wir es ernst meinen.«

»Und wenn sie keine Frauen haben?«
»Idiot.«
»Ich hab's: Wir töten ihren Hund. Dann nehmen sie uns ernst.«
»Die nehmen uns ernst.«
»Ich würde keinen ernst nehmen, der denkt, dass der 1000 SP Roadster ein besseres Auto ist als der Mercedes 300 SE.«
»Also ich weiß nicht, der spart ne Menge Öl.«
»Ilona will mich wegen der Nacktbilder verklagen.«
»Haltet die Klappe, haltet alle die Klappe.« Das ist wieder die Stimme des Bildhauers. Im Bild ist dazu ein neuer *Stern*-Artikel zu sehen: »*Letzte Frist*«.

Jetzt hört man Wählgeräusche, dann das Tuten eines Telefons. Im Hintergrund aufgeregtes Geflüster: Wer soll es machen, wer soll reden, wer muss das Risiko eingehen? »Los, Lothar«, verkündet der Bildhauer.

»Dieser Idiot? Au.« Man hört Gerangel und ersticktes Keuchen, dann einen Schlag.

Der Bildhauer noch einmal: »Er ist der Einzige, der Hochdeutsch kann.«

Das letzte, mahnende Tuten. Sehr hörbare Stille.

Dann eine sonore Stimme im Hörer. »Der *Stern*, Chefredaktion.«

In der Redaktion hängt sich auf Geheiß des Chefredakteurs der Jungredakteur an den Apparat. Erst hört man ein Räuspern, ein Treten. Endlich die Stimme des Autofans, der also Lothar heißt, leicht wackelig vor Aufregung: »Leininger.« Ein weiteres Räuspern. »Leininger hier. Es geht, es geht ...«, hier die Ahnung eines Schlags, »... es geht um die *Madonna*. Hunderttausend, das ist doch richtig?«

Der Telefonierende winkt aufgeregt nach dem Chefredakteur, während er »Ja!« in den Hörer ruft. »Ja, hunderttausend, das ist korrekt.«

»Welthistorischer Moment«, flüstert der Chefredakteur.

Der Telefonierende fuchtelt, er solle still sein, lauscht, hält dann den Hörer zu. »Er sagt, er hat die *Madonna*. Er sagt, er will das Geld.«

»Hm.« Der Chefredakteur überlegt. Unwillkürlich greift er sich an den Mundwinkel, erinnert sich, dass er kein Pfeifenraucher ist wie die englischen Kommissare aus den Filmen, die er kennt, bedauert das kurz und sucht nach seinen Zigaretten. Dennoch ist es ein erhebender Moment. Er versucht, ihn zu genießen.

»Sagen Sie ihm, wir wollen Beweise.« Er überlegt. »Sagen Sie ihm, er soll die Rückseite der Figur beschreiben.« Er zündet sich eine Zigarette an, nimmt sich vor, demnächst eine Pfeife zu kaufen, und verbrennt sich vor Nervosität die Finger.

Am anderen Ende der Leitung legt Lothar, der Autofan, eine Hand über den Hörer. »Er sagt, er will Beweise. Wie die Rückseite aussieht, will er wissen.« Mit dem Finger deutet er eine Geste an der Stirn an, die *Spinner* bedeutet. Was soll denn an der Rückseite interessant sein?

Der Bildhauer beruhigt ihn und zählt die Details auf, die er nennen soll. Der Autofan holt Luft wie ein Taucher, dann nimmt er die Hand vom Hörer und gibt das Vorgesagte in bestem Nichtfränkisch wieder. »Keine Tricks«, sagt er nach kurzer Überlegung am Ende und wünscht sich eine Zigarette, wie er sie aus amerikanischen Gangsterfilmen kennt. Er macht dem Fluchtfahrer entsprechende Zeichen mit den Fingern. »Sonst werden Sie es bereuen«, sagt er dann auch noch, weil man das so sagt. Er lächelt, nickt und grinst, als man ihm einen glimmenden Stängel in den Mund steckt.

Seine Freunde klopfen ihm anerkennend auf den Rücken wie einem Sportler im Ziel. Da hebt er plötzlich die Hand. Er lauscht. »Hat geklappt«, flüstert er dann, erst ungläubig, dann bricht es jubelnd aus ihm heraus: »Sie glauben mir.« Er platzt fast vor Stolz. Die anderen wollen ihn auf die Schultern heben; der Bildhauer, der zu Ruhe mahnt, versucht es zu verhindern. Beinahe fällt der Telefonhörer herunter, beinahe rutscht Lothars Hand von der Sprechmuschel. Da ertönt noch mal ein Quäken im Hörer, das alle zu einem Standbild erstarren lässt. Die anderen treten verlegen zurück. Lothar richtet sich die zerzausten Haare und hebt den Hörer wieder auf. »Was?«, fragt er hinein. »Die Übergabe?« Sein Blick sucht den Bildhauer. »Keine Tricks«, wiederholt er mechanisch, ehe er die Muschel erneut abdeckt, mehr Angst als Vaterlandsliebe in der Stimme. Dann flüstert er vernehmlich: »Sie wollen wissen, wie die Übergabe läuft.«

Jetzt ist es an dem Bildhauer zu lächeln.

Laute, fröhliche Musik setzt ein. Noch einmal Bill Ramsey mit der *Mimi*, oder auch die *Zuckerpuppe aus der Bauchtanzgruppe*. Denkbar wäre auch etwas Ironisch-Romantisches, schließlich spielt alles bei Nacht. Also setzt sich der Jungredakteur, der schon das Telefonat geführt hat, ausgestattet mit halblangem Trenchcoat, Hut und Aktenmappe wie ein Bilderbuchgangster, vielleicht zu Billy Vaughns pseudoidyllischem *Zwei Gitarren am Meer*, ans Steuer eines viel zu kleinen Wagens und fährt los – unbedingt mit Wackeldackeln auf der Ablage.

Er überprüft die Uhrzeit: 2.30 in der Nacht. Er fährt einsam durch Hamburg ins stille Altona, konsultiert eine Karte, sucht, findet, fährt, bis das Schild »Eifflerstraße« sichtbar wird. Dort steigt der Jungredakteur aus, die Aktenmappe unter dem Arm, und sieht sich wie ein schlechter Geheimagent sorgsam um. Er ist allein auf der Straße, bis auf einen Rentner mit Hund, vor dem er sich in einem dunklen Eingang verbirgt, ehe er weitergeht. Der Hund schnuppert an seinen Schuhspitzen, der Rentner merkt nichts und zieht ihn weiter, der Redakteur atmet auf und geht auf die Straßenbaustelle zu, die ihm angekündigt wurde; er überprüft das noch mal in seinen Notizen. Ein letzter gehetzter Blick in die Runde, ein Ducken vor einem Wagen, der viel zu langsam die Straße entlangfährt und verschwindet. Der Redakteur bemerkt, dass er bei seinem Versteck in ein Häufchen des Hundes getreten ist, kommt mühsam heraus, reinigt seine Schuhe, stellt sich wieder hin. In der Schaufel eines still parkenden Baggers findet er endlich das Versprochene, in eine Decke gehüllt.

Der Redakteur wickelt die Gegenstände aus, erkennt die – von der Stimme beschriebenen – Figuren der *Anna selbdritt* und einige Medaillons aus dem Rosenkranz der *Madonna*. Der letzte Beweis ist erbracht. Er lächelt diabolisch. Dann schaltet er zurück auf ängstlich. Er schaut sich um wie ein Verbrecher, schließlich holt er seinerseits ein Päckchen heraus. Er zählt noch einmal durch: 50.000 Mark, die Hälfte der Summe, wie vereinbart, und deponiert es unter dem Bagger. Sich nochmals heftig umblickend, entfernt er sich von dem Ort, wobei er immer wieder streifende Bewegungen mit dem Fuß macht, um den Hundekot loszuwerden, stürzt mit der Beute in sein Auto und fährt wie ein Verrückter davon.

Hund und Rentner, inzwischen nur wenige Meter weiter, schauen ratlos hinterher. Ende des lauschigen Gitarrenliedes.

In der Redaktion, es ist Morgen. Der übernächtigte Redakteur im Trenchcoat trinkt Kaffee und wirkt blass; er ist das Detektivspielen nicht gewohnt. Der Chefredakteur überwacht die Aktivitäten eines Mannes, sichtlich eines »Experten«, der die mitgebrachten Objekte begutachtet und ihre Echtheit feststellt. Beide schnuppern immer wieder misstrauisch. Der Übernächtigte schweigt verbissen und zieht die Füße unter den Stuhl.

»Zweifellos Teile der *Rosenkranzmadonna*«, sagt der Experte zu den Medaillons, nachdem er noch mal zweifelnd an ihnen gerochen hat.

»Ich hab mir die Schuhe doch geputzt«, bricht es aus dem verzweifelten Jungredakteur heraus.

Der Experte schnuppert erneut, nickt. »Schuhcreme«, konstatiert er. »Vermutlich wollten die Diebe das Holz konservieren.«

Alle werden aufmerksam, als es draußen lebhaft wird. Durchs Fenster sehen sie ein großes Polizeiaufgebot, stummes Blaulicht, Beamte, die ins Haus laufen und wieder herauskommen, zum Teil beladen mit Akten. »Was zum Teufel wollen die Bullen, ich meine, die Polizei …«

Jemand wirft eine Decke über die Kunstwerke. Allgemeiner Schreck und Schuldbewusstsein, der Redakteur im Trenchcoat sitzt unter dem Tisch.

Das Telefon klingelt, einer der Redakteure nimmt ab.

»Sie haben uns reingelegt.« Die Stimme des Autofans ist exaltiert, schrill. »Sie haben Ihr Wort gebrochen. Sie haben die Bullen gerufen. Sie …« Es folgen eine Menge Beschimpfungen. »Sie sind ein toter Mann, jawohl. Die *Madonna* ist tot. Ihre Familien sind tot …«

Während der überforderte Redakteur zu sagen versucht: »Das waren wir nicht« und der unterm Tisch dazukreischt: »Ich hab doch gar nix gemacht«, sieht man den Chefredakteur an der Tür im Gespräch mit Leuten, die er rasch herbeigerufen hat. Er läuft zum Hörer, reißt ihn dem Redakteur aus der Hand. »Die sind nicht bei uns«, ruft er in den Hörer. »Die sind beim *Spiegel*. Hören Sie? Beim *Spiegel*.«

Im Hintergrund sieht man erleichterte Redakteure, doch sein Gesprächspartner legt auf. Der Chefredakteur flucht. Als er die Stille im Raum bemerkt, schaut er auf. »Irgendwas mit Landesverrat«, sagt er. Und, sich in Ärger und Lautstärke steigernd: »Irgendein total unwichtiger Mist. Und das ausgerechnet heute. Diese Egoisten! Scheiße!« Er haut auf den Tisch, wiederholt das dreimal. »Die bringen mich um meine *Madonna*. Meine *Madonna*!«

Keiner antwortet.

Während der Chefredakteur weint und alle in der Redaktion sich betrinken und melancholisch Fotos der *Madonna* betrachten, ehe sie sich auf die Schultern klopfen, um heimzufahren oder zur Tagesordnung der Redaktionsarbeit überzugehen, *dpa*-Nachrichten zu lesen, ihre Schreibmaschinen zu bearbeiten und so weiter, erklingt schon die Melodie von *Na, dann woll'n wir noch einmal* des Flotten Franz. In diesem Alltagstrubel empfängt schließlich einer der Redakteure einen Anruf, der ihn innehalten und die anderen herbeiwinken lässt. Auch der Chefredakteur kommt, lauscht, nickt. Man sieht den trenchcoattragenden Jungredakteur und den Chefredakteur zu zweit in dem kleinen, für den fülligen Chef erst recht zu beengten Auto losfahren, sieht den Wagen über die Autobahn gleiten, abfahren, durch die deutsche Provinz streifen, im Nirgendwo halten. Die Musik verstummt.

Vier Männer auf der einen Seite, zwei auf der anderen. Western-Stimmung; vielleicht ein Gitarrenakkord. Im Hintergrund ein Ortsschild: »Großgründlach«.

Der Chefredakteur steckt sich in Ruhe eine Zigarette an. »Leininger?«, fragt er.

Die vier Gangster ziehen sofort nach. Vier Zigaretten, nicht ganz so ruhig entzündet, zitternd, aber entschlossen zum Mund geführt.

Alle rauchen schweigend, Wangen zucken, als sie die Luft einsaugen.

Der nächste Akkord: Die *Madonna* wird herangehievt. Sie ist sichtlich schwer, und die Sache in Würde über die Bühne zu bringen ein Problem. Der Chefredakteur und der Bildhauer treten beiseite. Die Jüngeren mühen sich ab; endlich ist es geschafft. Der Autofan, der neben dem Jungredakteur steht, schnuppert angeekelt und guckt sich um.

Der Jungredakteur schließt verstimmt den Kofferraum. »Ich

hab mir die Schuhe viermal geputzt, verdammt.« Es sind die einzigen Worte, die fallen.

Wieder stehen alle da. Man sieht, dass der Chefredakteur nach Worten sucht, die dem Anlass angemessen wären. Man sieht, dass die anderen darauf warten. Der Redakteur im Trenchcoat guckt sogar von der Seite.

Der Autofan öffnet den Mund, um so was wie »Keine Tricks« zu sagen, wird aber vom Pflichtbewussten rechtzeitig angerempelt, sodass er schweigt. Manfred, der schmierige Fluchtwagenfahrer, reibt glückbringend das Nacktfoto seiner Freundin. Endlich streckt der Bildhauer die Hand aus.

Der Chefredakteur ist kurz versucht, einzuschlagen, dann wird ihm klar, dass das Geld gefordert wird, die zweiten 50.000. Er winkt seinem Begleiter, der es bringt und in die ausgestreckte Hand legt.

In der Gruppe um den Bildhauer kommt kurz Freude auf, die rasch unterdrückt wird. Man raucht.

Der Bildhauer und der Chefredakteur sehen sich in die Augen, die anderen beginnen nervös zu werden, sich zu langweilen, zu gähnen. Die beiden Chefs werden am Ärmel gezupft.

Keiner will zuerst nachgeben.

»Also dann«, wagt es schließlich der Jungredakteur.

Sofort setzt wieder Musik ein, Carmela Corren trällert *Wann kommt der Tag*. Die Szene klappt sich in Windeseile zusammen. Alle steigen ein, die Autos rangieren kurz und verschwinden schnell in entgegengesetzte Richtungen.

Fadeout der Musik, als man im Keller der Redaktion angekommen ist, wo der Chefredakteur sich im Kreise seiner Untergebenen, des Experten und eines Anwaltes sowie eines Abgesandten des Bischofs im geistlichen Habitus über die Statue neigt, von der sie das schützende Tuch ziehen.

»Was riecht hier so seltsam?«, fragt der Geistliche.

Der Jungredakteur hört auf, mit seinem Schuh über eine Kante zu fahren, und guckt beleidigt.

»Das ist Schuhwichse«, erklärt der Experte. »Sie haben das Holz konservieren wollen.«

»Grundgütiger«, erwidert der Geistliche und bekreuzigt sich.

Der Chefredakteur geht völlig in Andacht auf. »Niemals war ihr Gesicht schöner«, beginnt er zu intonieren. Jemand im Hintergrund spitzt die Ohren und beginnt mitzuschreiben. Der Chefredakteur hebt erneut an. »Nie war das Antlitz der Madonna so schön, so innig wie in diesem kurzen Augenblick, da das Licht der Laterne auf sie fiel.«

Jemand sagt: »Wir müssen sie der Kripo übergeben. Die Kriminaltechnik wird sie auf Spuren untersuchen wollen.«

»Aber, aber«, widerspricht der Experte. »Sie muss ins Mainfränkische Museum. Zurück in Expertenhände.«

»Das wäre dann ja wohl das Bayerische Landesamt für Denkmalpflege«, wendet ein anderer ein. »Dort können sie sie am besten überarbeiten.« Er wirft einen zweifelnden Blick auf die *Rosenkranzmadonna*. »Denn überarbeitet muss sie ja wohl werden.«

»Sie muss zurück in die Kirche«, sagt der Geistliche, »und das so schnell es geht.«

»Meine Herren«, erklingt da die Stimme des Chefredakteurs, sehr würdevoll und tief. »Sie haben alle recht und sollen alle Recht bekommen. Doch gewähren Sie mir, der den Wert dieser Statue erkannt und alles an ihre Wiederbeschaffung gesetzt hat, unter Einsatz seines Lebens und seiner Sicherheit, gewähren Sie mir als dem, der die Madonna der Menschheit zurückgeben wird …«

»… die Sonderberichterstattungsrechte«, wirft der Jungredakteur rasch ein.

»Die ersten Bilder nach der Restaurierung«, bietet der Experte an.

»Einen Besuch beim Papst.« Der Geistliche hebt die Hand wie ein Bietender auf einer Auktion und ist selbst ein wenig überrascht von seinem Eifer.

Der Chefredakteur schüttelt den Kopf. »Gewähren Sie mir ein wenig Zeit mit der Geretteten. Ehe sie dorthin zurückkehrt, wo sie wieder alle verzücken wird. Heute Nacht bleibt sie hier in der Redaktion, bei mir. Nur diese eine, erste Nacht.«

Kirchenglocken, gesenkte Häupter, das Licht geht aus. *Adios Amigo* von Sacha Distel erklingt pietätvoll.

Lustige Musik jedenfalls wieder über der Schlussszene: Die Kirche in Volkach, mit der *Rosenkranzmadonna* am alten Platz, schöner denn je. Der Mesner strahlt seine Tochter an, während er die brandneue Alarmanlage anschaltet. Ein festlicher Gottesdienst, viele Menschen, viel Prominenz, viel Händeschütteln. Der Bürgermeister droht lächelnd dem Chefredakteur mit der Ehrenwürde, schnuppert und fragt, warum es hier so nach Schuhcreme riecht, wird freundlich vom Bischof abgelöst. Allgemeines sonores Prominentenlachen. Während die Kamera bereits die Menschen verlässt, um über die Landschaft zu steigen und Volkach zu zeigen, hört man noch, wie jemand sagt: »Die Anklage wegen Hehlerei wurde ja niedergeschlagen.« Jemand antwortet: »Wie alle Anklagen.« Das gleiche selbstzufriedene sonore Gruppengelächter. »Ich, ein Verbrecher«, hört man den Chefredakteur amüsiert sagen. Lautes Lachen. »Was hätte ich denn davon gehabt? Nein, nein, alles, was mich trieb, das waren Ideale.«

Die Kamera hat inzwischen Volkach verlassen und folgt der Landstraße, irgendeiner Landstraße.

Unten sieht man einen Heckflosser in Eiscremefarben fahren – darin werden, beim Näherkommen, die vier Räuber sichtbar; der Autofan am Steuer, der Bildhauer auf dem Beifahrersitz, in den gefalteten Händen ein Foto der Sparkasse in Gaustadt, mit gut sichtbarem Logo. Die beiden hinten knüllen in vorfreudiger Nervosität schwarze Strickmasken in den Händen, einer legt unauffällig eine Pistole neben sich.

Der Autofan verkündet: »Er ist nur 95 Mark teurer als der VW, aber er hat 40 PS mehr« und dreht am Radio. Zum Ende: *Madison in Mexico*, so gut gelaunt, so aufbruchsfreudig und zukunftsfroh.

Über den dunkel gewordenen Bildschirm läuft dazu folgender Text:

Das Quartett beging in den Folgejahren diverse Kirchenraube und Straftaten. Im Landratsamt Ebermannstadt ließ es über 1.300 Formulare für Ausweise, Pässe und Führerscheine mitgehen. Als sie die Raiffeisenbank Hirschaid überfielen, töteten sie einen Menschen. Die Polizei wurde auch wegen Sittlichkeitsvergehen auf sie aufmerksam und hatte sie wegen diverser Vergehen bereits im Visier. Ab Juli 1967 saß der Fahrer wegen Anstiftung zu Meineid und Abtreibung in Haft. Vermutlich war er es, der im Gefängnis gegenüber einem Hamburger Matrosen mit dem Raub der Madonna *prahlte und so die Ermittler darauf brachte, die kriminelle Gruppe auch mit diesem Verbrechen in Verbindung zu bringen. Im Oktober desselben Jahres wurden zwei weitere Mitglieder des Quartetts verhaftet. Der Vierte musste aus Istanbul ausgeliefert werden, wo er einen Pelzhandel betrieb.*

Der Stern *berichtete elfseitig über den nunmehr fünf Jahre zurückliegenden Fall und die Verhaftung.*

Die vier Angeklagten bezeichneten Henri Nannen als ihren Retter, ohne sein Angebot hätten sie »das Ding verbrannt«. 1971 wurden die Urteile gesprochen.

Nannen wurde erneut wegen Begünstigung angezeigt und freigesprochen.

GESPRÄCH DURCH DIE ZELLENTÜR

DER UNGEKLÄRTE TOD DES BÜRGERMEISTERS HEINRICH TOPPLER, ROTHENBURG O.D.T. 1408

»He! Psst! Wie heißt du?«
»Georg ist mein Name, Herr Toppler.«
»Ich habe Durst, Georg. Gib mir zu trinken. Und etwas zu essen.«
»Das darf ich nicht, Herr Toppler.«
»Aber du musst! Oder willst du daran schuld sein, wenn ich verdurste und verhungere?«
»Nein, das nicht. Aber trotzdem. Es ist verboten.«
»Wie alt bist du, Georg?«
»Dreiundzwanzig.«
»Dann warst du noch nicht auf der Welt, als das große Erdbeben passiert ist.«
»Nein. Aber erzählt hat man mir davon.«
»Weißt du, dass es dieses Erdbeben war, das mich zu dem gemacht hat, der ich bin?«
»Wie soll ich das wissen? Ich hab ja niemals mit Euch gesprochen.«
»Dann will ich es dir sagen. Ich war gerade einmal sieben Jahre alt, als die Erde erzitterte. Kannst du dir vorstellen, wie es ist, wenn man glaubt, die Welt stürzt ein? Da glaubt man, Gott selbst habe die Welt aufgegeben, nein, nicht aufgegeben; als wolle er sich im Zorn der Menschen entledigen. Und ich weiß nicht, wie viele Nächte ich danach in meinem Bett gelegen und gebetet habe. ›Ich will ein guter Mensch sein‹, habe ich gebetet, ›ich will nicht nur gut, ich will der Beste sein. Nur lass nichts mehr einstürzen!‹ Verstehst du?«

»Ja, Herr Toppler.«

»Ich habe das Kind, das sich davor fürchtet, dass die Stadt über ihm zusammenstürzt, niemals vergessen. Deshalb wollte ich nicht nur ein guter Mensch sein. Ich wollte auch immer nur das Beste für unser Rothenburg. Kannst du dir das vorstellen?«

»Ich glaube schon, Herr Toppler. Deshalb bin ich ja in den Wachdienst eingetreten. Ich wollte die Verbrecher fangen und bewachen, die unserer Stadt Schaden zufügen.«

»Und jetzt bewachst du einen, der kein Verbrecher ist.«

»Aber die Räte sagen, Ihr seid im Kerker, weil Ihr der Stadt wahrhaftig Schaden zugefügt habt.«

»Sie tun mir unrecht.«

»Das hört man auch von manchen Leuten in der Stadt.«

»Tatsächlich? Was sagen sie?«

»Ich darf diese Worte nicht aussprechen. Sonst werde ich Euch auf der anderen Seite der Zellentür Gesellschaft leisten müssen.«

»Hier wird dich außer mir niemand hören.«

»Das sagt Ihr, Herr Toppler. Aber man sagt auch, dass Wände Ohren haben. Und war es nicht so, dass Euch jedes trunkene Wort zu Ohren kam, das in den Rothenburger Gaststuben über Euch geraunt wurde – selbst dann, wenn Ihr weit weg wart, in Speyer, Frankfurt oder Prag?«

»Mag sein. Wenn zufällig Freunde von mir zugegen waren. Aber hier unten im Verlies ist niemand außer uns, weder Freund noch Feind. Und ich werde es niemandem sagen. Also?«

»Es hat einer gesagt, die Stadt Rothenburg versündige sich an Euch wie Judas am Herrn Jesus.«

»Und wer?«

»Einer, der mit Euch im Rat gesessen. Jetzt ist er nicht mehr im Amt und hat geloben müssen, nie wieder dergleichen zu äußern. Mehr sag ich nicht.«

»Und was ist erlaubt, über mich zu sagen?«

»Oh, das ist eine ganze Menge ... da weiß ich gar nicht, wo ich anfangen soll, Herr Toppler.«

»Fang beim Wichtigsten an.«

»Es heißt, Ihr habt unzählige Weiber geminnt ... so sagen wenigstens diejenigen, denen Ihr Geld geliehen habt. Nämlich, dass Ihr Euch den Zins bei ihren Mägden, Töchtern und gar Eheweibern geholt habt.«

»Geschwätz! Als wüsste nicht jeder, dass ich mein Leben mehr außerhalb denn innerhalb der Stadtmauern verbracht habe. Ich bin für die Stadt in den Krieg gezogen, ich bin zu den Städtetagen, zu den Reichstagen geritten, hab mein halbes Leben im Pferdesattel verbracht – und da soll ich mich auch noch um die Weiber meiner Schuldner kümmern? Und selbst wenn's wahr wäre, kann's nicht der Grund sein, weswegen man mich einsperren ließ.«

»Ihr wolltet wissen, was die Leute sagen?«

»Damit ich weiß, warum ich in diesem elenden klammen Kerker sitze. Ich hab noch keine Klageschrift gesehen.«

»Noch nicht? Dabei ist die Stadt voll von Klagen über Euch.«

»Dann sollen sie's gefälligst aufschreiben und vor Gericht bringen, dass ich mich verteidigen kann. Das ist mein Recht!«

»Ja, von Recht wird da oben auch gesprochen. Nämlich, dass Ihr bei Euch im Hause eigenes Recht gesprochen habt über Euer Gesinde. Ist das wahr?«

»Hätt ich denn das städtische Gericht wegen jeder Kleinigkeit in Anspruch nehmen sollen? Weißt du, wie viele Hundert Leute bei mir in Lohn und Brot standen? Auf all meinen Gehöften, in meinen Weinbergen, meinen Wäldern, meinen Mühlen, meinen Weiden? Hätt ich da jeden, der heimlich in die eigene Tasche gewirtschaftet hat, vor Gericht zerren sollen? Das war besser selber zu erledigen. Ich habe dir gesagt, alles, was ich getan habe, war immer zum Wohl der Stadt. Und keiner, über den ich Gericht gehalten habe, ist jemals in einem solch kalten, finsteren Loch gesessen und musste Hunger und Durst leiden. Ich war kein ungerechter Herr! Jetzt sei so gut und besorg mir etwas zu essen und einen Trunk dazu.«

»Um Himmels willen, nein!«

»Gerade um Himmels willen solltest du das tun. Oder willst du mich auf dem Gewissen haben? Du musst ja nur die paar Schritte in die Schmiedsgasse zum *Güldenen Greifen* gehen und mir aus meiner eigenen Küche etwas holen.«

»Unmöglich, Herr Toppler. Ich würde damit mein Leben verspielen.«

»Ach? Das heißt, es ist Absicht, dass ich nichts mehr bekomme? Soll ich eine Ratte erschlagen und roh verzehren?«

»Ich weiß nicht ...«

»Ich, Heinrich Toppler, der niemals jemanden darben ließ, soll verhungern oder von Ratten leben? Hat denn jeder hier vergessen, wie ich die Armen, Alten und Siechen verköstigt habe? Sechs Gulden jedes Vierteljahr hab ich gestiftet für bestes Brot und Fleisch und hie und da noch einen Schoppen Wein dazu! Sechs Gulden im Vierteljahr, macht vierundzwanzig jährlich. Hast du schon jemals so viel Geld besessen?«

»Vierundzwanzig Gulden ... das ist viel. Ungefähr so viel, wie ich im Jahr für meinen Dienst bekomme. Aber man hört sagen, Ihr trinkt zu Haus Euren Wein aus Pokalen, deren jeder fünfzig Gulden wert ist, so reich seid Ihr. Was bedeuten Euch da schon vierundzwanzig im Jahr?«

»So darfst du nicht fragen. Es zählt allein, ob die Armen gut versorgt sind – und dass jetzt der, der sie versorgt hat, noch schlimmer dran ist als der erbärmlichste Bettler. Es würde die Stadt gar nichts kosten, mir Speise und Trank zu bringen. Ich könnte alles bezahlen lassen. Doch wenn die Stadt mir keine Speise mehr gewährt, dann will sie mich umbringen. Sie wollen mich hier unten verrecken lassen. Dieses schäbige Pack! Will mich ohne Gerichtsspruch zum Tod verurteilen. Und du bist Handlanger dieser feigen Bande.«

»Ein Stück Brot und Käse hab ich bei mir, das könnte ich Euch durchs Fenster in der Tür reichen, wenn Ihr wollt.«

»Ich wusste, dass du kein schlechter Mensch bist. Gib her! – Mich, einen Gastwirt und Gastwirtssohn, verhungern und verdursten lassen! Während sie im besten Haus der Stadt sitzen, in meinem *Güldenen Greifen*, sich den Wanst vollschlagen und meinen Weinkeller plündern. Hab ich einen solchen Dank verdient?«

»Ich weiß es nicht, Herr Toppler. Die Leute sagen …«

»Was denn noch?«

»… dass Ihr die Stadt verspielt habt.«

»Verspielt?«

»Dass Ihr mit dem Nürnberger Burggrafen gewürfelt habt, wem die Stadt gehören soll.«

»Und ich verloren hab?«

»Ja, und dies kann nicht anders sein, weil es in Eurem Wappen so geschrieben steht. Die beiden Würfel. Einer zeigt sechs Augen, der andere fünf. Und damit, hör ich sagen, war Euch vorbestimmt, dass Ihr am Sieg vorbeigewürfelt habt.«

»Wie dumm kann man denn sein? Die Sechs, das ist die heilige Zahl der Schöpfung – in sechs Tagen hat Gott die Welt erschaffen. Die Fünf wiederum, so steht es geschrieben, vereinigt die männliche Drei mit der weiblichen Zwei und steht für die Vermählung. Das besagt, dass ich es war, der die Stadt Rothenburg erschaffen hat, wie sie heute ist, und dass ich mit der Stadt unauflöslich vermählt bin wie ein Bräutigam. Und was den Nürnberger Burggrafen betrifft – aber das ist eine lange Geschichte.«

»Wie haben doch genug Zeit, Herr Toppler.«

»Du meinst, bis ich verrecke, bleibt noch genug Zeit? Gib mir noch Wasser, dass ich nicht das feuchte Gemäuer ablecken muss! Ich danke dir. Du bist eine gute Seele. Wenn ich erst wieder frei bin, werde ich dich zu meinem Gutsverwalter machen. Aber zurück zum Burggrafen. Er hasst mich. Er hasst ganz Rothenburg. – Bist du schon einmal in Nürnberg gewesen?«

»Nein, Herr Toppler.«

»Dort sitzt der Burggraf auf seinem Sandsteinfelsen und späht Tag für Tag ins Land, um zu sehen, ob nicht irgendeine Stadt größer, mächtiger, prächtiger werden könnte als Nürnberg. Das ist, als wenn du missgünstig auf deinen Nachbarn blickst, der sich ein schöneres Haus baut, als du besitzt – hast du gelernt, was die sieben Todsünden sind?«

»Ja, Herr Toppler. Hochmut, Geiz, Wollust, Zorn, Völlerei, Neid und Trägheit.«

»Ganz richtig. Superbia, avaritia, luxuria, ira, gula, invidia, acedia. Und der Burggraf ist der sechsten Todsünde anheimgefallen. Ebenso der Bischof von Würzburg. Aus purem Neid haben sie sich gegen unser Rothenburg gewendet. Was nicht schlimm gewesen ist, solange Wenzel unser König war. Aber vor acht Jahren war's, da haben ihn die Kurfürsten abgesetzt und statt seiner den Ruprecht von der Pfalz zum König gewählt. Das weißt du doch?«

»Freilich, Herr Toppler. Ich weiß auch, dass man den König Wenzel absetzen musste, weil er kein guter König war. König Wenzel, sagt man, ist der Trunksucht verfallen. König Wenzel, sagt man, ist grausam, weil er den Bischof Nepomuk hat foltern und ertränken lassen. Und er bleibt auf seiner Burg in Prag sitzen und lässt alle machen, was sie wollen. Deshalb musste König Ruprecht an seine Stelle treten, um das Reich zu retten.«

»Das ist mir alles einerlei. Für mich zählt nur eines, und das ist: Wen hat die Stadt, die ich in ihrer heutigen Gestalt erschaffen habe, zum Feind und wen zum Freund? Jahre und Jahrzehnte ist es mir gelungen, sie in Bündnissen zu verankern und ihre Feinde zurückzudrängen, die ihr und mein Prosperieren nicht ertragen konnten, die immerfort darauf sannen, wie sie sich wohl der Stadt und all ihrer und meiner Güter bemächtigen könnten. Und König Wenzel ist, seit er als Knabe von vierzehn Jahren zum ersten Male hier weilte, beim Reichstag im Jahr 1377, ein Freund der Stadt gewesen. Ganz anders König Ruprecht, der ja mit dem Nürnberger Burggrafen verschwägert ist und sich von ihm hat aufhetzen lassen! Nun will der Burggraf Geld, viel Geld – wofür? Dafür, dass er sich durch den Krieg gegen Rothenburg ruiniert hat, weil ich dafür gesorgt habe, dass die Stadt einer Belagerung trotzen kann. Allein wenn ich an die unzähligen Malter Getreide denke, die ich aus meinen Vorräten gab, damit niemand Hunger leiden muss!«

»Aber steht uns nun nicht doch eine Hungersnot bevor? Die letzte Ernte konnte ja nicht eingefahren werden; die haben sie uns geraubt, und wo sie's nicht rauben wollten, haben sie's auf dem Halm zerstört.«

»Ist das meine Schuld? Was hab ich nicht alles getan, um den Krieg zu verhindern! Dazu gehört auch, neue Bündnisse zu schließen, und vor allem, alte Bündnisse wieder aufleben zu lassen, sich auf alte Freunde zu besinnen – insbesondere auf meinen alten Freund Wenzel. Ich habe Botschafter nach Prag gesandt, dass er uns beistehen solle; ich wiederum hätte einen neuen Städtebund geschmiedet mit dem Ziel, Wenzel wieder zum König einzusetzen. Nur hat Wenzel zu lang abgewartet. So zögerlich war er schon immer gewesen, ich wusste es wohl, doch habe ich geglaubt, die Aussicht, wieder Reichskönig zu werden, könnte ihn zum Einschreiten bewegen. Aber da ist das letzte Wort noch nicht gesprochen. Ich muss ihn persönlich sehen. Du musst mich herauslassen, ich muss nach Prag!«

»Dafür würde ich mit vielen Jahren Kerker büßen, Herr Toppler.«

»Dir wird nichts geschehen. Ich nehme dich mit nach Prag. Dort kannst du etwas Besseres werden als hier. Ein Marschall am Prager Hof, das wäre etwas für dich. Ich kann dafür sorgen, dass du einer wirst. Es ist nur ein kleiner Schritt, der dich von einem neuen Leben trennt. Du musst nur den Schlüssel ins Schloss stecken und drehen. So einfach wie du hat es noch keiner gehabt. Oder willst du dein Leben lang in diesem Kellerloch Wache halten?«

»Ich weiß nicht. Darüber hab ich nie nachgedacht. Aber ist das schlimm? Andere bauen ihr Leben lang Roggen oder Gerste an. Oder hüten Schafe.«

»Du willst also nicht?«

»Ich darf nicht, Herr Toppler.«

»Du hättest Gelegenheit, über dich hinauszuwachsen. Deinem Leben eine andere Wendung zu geben. Wenn du mich befreist, dann befreist du auch dich. Du bist ebenso ein Gefangener in diesem Verlies wie ich. Du merkst es nur nicht, weil du nach deinem Dienst wieder nach Hause gehen kannst. Aber dort bist du genauso gefangen in deinem Leben, und ein Gefangener kann nichts Großes vollbringen. Das kannst du nur, wenn du aus deinem Leben herausspringst. Hätte ich derlei Gelegenheiten nie ergriffen, wäre ich ein einfacher Gastwirt geblieben.«

»Manche sagen, Ihr hättet besser daran getan, einer zu bleiben. Und darum wird es auch besser sein, wenn ich meine Bahn nicht verlasse und der bleibe, der ich bin.«

»Dann bring mir Tinte und Papier, gleich morgen! Damit ich Briefe schreibe an die Freunde, die mir noch treu sind – an Herzog Ludwig, an Markgraf Bernhard und nach Prag an König Wenzel! Er weiß nur allzu gut, wie es ist, festgesetzt zu sein. Zweimal haben sie ihn eingesperrt, und zweimal ist er wieder freigekommen. Hörst du, Georg? Tinte und Papier will ich haben, dass ich mich herausschreibe aus diesem Kellerloch!«

»Nein, Herr Toppler.«

»Du wagst es, Nein zu sagen? Trägst Wolle am Leib, die von meinen Schafen stammt, heizt deine Stube mit Holz aus meinen Wäldern, isst Brot, das aus meinem Getreide gebacken, isst Fleisch und Käse von meinen Rindern und Schafen und gibst mir ein Nein?«

»Euch gehört nichts mehr, Herr Toppler. Und wenn ich Euch Briefe schreiben lass, dann werden ein weiteres Mal Heere vor den Toren stehen, und dann wird auch uns nichts mehr gehören.«

»Georg! Du wirst mir geben, was ich von dir verlange!«

»Nein, Herr Toppler. Das wäre Unheil für die Stadt. Ihr habt gesagt, Ihr wolltet stets zum Wohle Rothenburgs handeln. Und das tue jetzt auch ich.«

»Indem du den Besten, den die Stadt je hatte, verrecken lässt?«

»Der Rat hat es wohl so beschlossen. Ich muss jetzt gehen, Herr Toppler. Gleich werde ich abgelöst. Mein Dienst ist für heute zu Ende. Wir sehen uns morgen wieder. Vielleicht.«

MÜLLER, MEIER, SCHMIDT
DIE ERSCHIEßUNG DER TERRORISTIN ELISABETH VON DYCK IN NÜRNBERG 1979

Meier packt schon wieder einen Witz aus.

»Kennt ihr den? Kommt ein Ostfriese in ein Musikhaus und sagt zum Verkäufer: ›Ich hätte gern die rote Trompete und das weiße Akkordeon!‹ – Sagt der Verkäufer: ›Den Feuerlöscher kann ich Ihnen verkaufen, aber der Heizkörper muss dableiben!‹«

»Hast du gestern schon erzählt«, sagt Schmidt, ohne von der *Süddeutschen* aufzublicken, die vor ihm auf dem Küchentisch liegt.

»Vorgestern«, korrigiert Müller, faltet die *Bildzeitung* zusammen, legt sie beiseite, steht auf und geht ans Küchenfenster.

Draußen verdämmert der 4. Mai 1979, ein Tag, der sein Bestes getan hat, sich als Novembertag zu verkleiden.

»Das wird nix mehr mit dem Frühling«, konstatiert Müller, und das hat er nicht nur gestern und vorgestern schon gesagt, sondern seit zwei Wochen jeden Tag. Aber heute fügt er hinzu: »Und schon wieder zu dunkel zum Zeitunglesen. Scheißnachtschicht.« Er geht in der dämmrigen Küche auf und ab.

Schmidt versucht immer noch, aus der *Süddeutschen* was herauszubuchstabieren. Schließlich legt er sie resigniert weg. Lesbar ist nur noch die Schlagzeile von Müllers *Bildzeitung*, die danebenliegt. Den Tag über hat sie aus unzähligen Kiosken und Verkaufskästen in die Welt gebrüllt, und nun, im Halbdunkel, kann sie ihre Schreckensbotschaft, gedruckt in weißen Lettern auf schwarzem Grund, nur noch flüstern: BLUTBAD IN MOROS BÜRO. Darunter: BOMBEN, GEISELN, SCHREIE – TOD.

»Haben sich ganz schön einsalzen lassen, die Spaghettifresser«, kommentiert Meier, der ihm gegenüber am Küchentisch sitzt. »Ich mein, wie dämlich kann man denn sein? Da gehen vier Bomben hoch, und die schicken nen Streifenwagen vorbei. Klar, dass die jetzt ein paar Polizisten weniger haben. Und dann kriegen sie's nicht mal hin, der Bande mit Hubschraubern hinterherzukommen.«

Müller hat sich unterdessen aus der Küche entfernt und streift wie ein gefangenes Raubtier durch die karg möblierte 1 ½-Zimmer-Wohnung, die so unbeseelt wirkt, als wäre sie schon vor langer Zeit verlassen worden. Man möchte kaum glauben, dass genau hier erst vor drei Wochen der Überfall auf die Schmidt-Bank vorbereitet wurde, bei dem die RAF zweihunderttausend Mark Beute gemacht hat.

»Da kenn ich übrigens nen Itakerwitz«, lässt Meier sich vernehmen. »Passt mal auf: Kommen fünf Franzosen in nem Renault 4 an die italienische Grenze. Sagt der Zöllner: ›Es ist illegal, fünf Leute in einem R4 mitzunehmen.‹ – ›Aber das ist doch bloß der Name‹, sagt der Fahrer. ›Das Auto ist für fünf zugelassen. Holen Sie mal Ihren Vorgesetzten!‹ – ›Geht nicht‹, sagt der Zöllner, ›der ist grad mit drei Leuten in nem 2CV beschäftigt!‹ Gut, was?«

»Erzähl ihn mir morgen früh beim Feierabendbier noch mal«, sagt Schmidt. »Wenn ich mich dazu unter den Armen kitzel, kann ich vielleicht sogar drüber lachen.«

»An der italienischen Grenze wär ich jetzt auch gern«, sinniert Müller. »Mit drei Wochen Urlaub vor mir. Das wär's jetzt.«

»Urlaub?« Meier grinst, als hätte er schon wieder einen Witz auf den Lippen. »Wir haben doch hier praktisch schon seit zwei Wochen Urlaub.«

»Das war dein bester bis jetzt.«

Eine Stimme krächzt aus dem Funkgerät. »Adler an Horst, kommen.«

Schmidt meldet sich. »Hier Horst, kommen.«
»Alles klar bei euch?«
»Passt schon. Und selber?«
»Saukalt wie immer. Ihr habt's wenigstens schön warm da oben!«
Müller schaltet sich ein: »Dafür könnt ihr rauchen! – Wollen wir mal tauschen?«
»Nöö.« Man hört ein Feuerzeug klicken. »Ich rauch erst mal eine. Bis dann!«
»Du Arsch!«, schiebt Müller nach, aber der Kollege hört ihn nicht mehr. »Ich will auch eine rauchen.«
Schmidt guckt auf seine Armbanduhr. Es ist kurz nach neun. »Dauert noch ein paar Stunden, bis du wieder rauchen kannst.«
»Ach, leck mich.« Müller stellt sich ans Wohnzimmerfenster und guckt auf die Straße. »Das darf doch wohl nicht wahr sein!« Damit meint er den Schneeregenschauer, mit dem der Himmel soeben die Stadt auspeitscht. »Ein Scheißtag nach dem anderen!«
Meier beginnt zu singen. »Wann wird's mal wieder richtig Sommer? Ein Sommer, wie er früher einmal war …«
Müller schielt nach dem grauen Bauwagen an der Ecke zur Pfründnerstraße, in dem Kaminski mit den Kollegen Schuster und Klein sitzt und den Hauseingang observiert. Und dabei raucht. Angeblich dürfen die das, im Bauwagen rauchen. Müller darf nicht. Er und Meier und Schmidt müssen unauffällig bleiben. Keine lauten Gespräche. Kein Tabakrauch. Kein Licht. In den Tagschichten geht das ja noch. Da kann man wenigstens Zeitung lesen. Aber in der Nachtschicht fängt man an, zu glauben, dass es die Hölle wirklich gibt, und zwar hier in Nürnberg, in der Stephanstraße 40 im ersten Stock. Die Hölle muss ein einziges sinnloses Warten sein, ohne dass man dabei rauchen kann, denkt Müller, als er am Fenster steht und in den Schneeregen hinausblickt. Oder Graupelschauer oder wie auch immer das heißt, was da runterkommt.

Ein Bus der Linie 43 kommt aus Richtung Hauptbahnhof und mahlt sich gemächlich durch die Stephanstraße. Die Hausnummer 40 liegt ziemlich genau zwischen den Haltestellen Schanzenstraße und Burgerstraße, die voneinander vierhundertfünfzig Meter entfernt sind. Das heißt, dass die Busfahrer hier, kaum dass sie beschleunigt haben, vom Gas wieder runtergehen, um die nächste Haltestelle anzusteuern.

Später am Abend fahren die Busse meistens durch – dann weiß man, dass sich niemand an den Haltestellen eingefunden hat und dass niemand im Bus sitzt, der hier aussteigen möchte. Und immer, wenn man vier vorbeifahrende Busse in jeder Richtung gezählt hat, ist eine Stunde vorbei. So geht das bis irgendwann nach Mitternacht. Dann irrt die Zeit ohne Rhythmus durch die Stadt.

Schmidt beäugt Müller, so gut das im Halbdunkel geht. Immerhin sorgt ein Abglanz der Straßenbeleuchtung dafür, dass es in der Wohnung nicht völlig dunkel wird.

Schmidt wird jedes Mal von Argwohn gepackt, wenn er Müllers Silhouette zu lang am Fenster sieht. Es wäre nicht das erste Mal, dass er am gekippten Fenster eine raucht. Der verdammte Rauch zieht überall hin, das hat er ihm schon so oft gesagt. Zeit für eine kleine Übung, denkt Schmidt. Er zischt das Kommando.

»Nullsiebenunddreißig!«

»Nullsiebenunddreißig« lernt man, bevor man die ersten Schritte als Streifenpolizist geht. »Nullsiebenunddreißig« heißt: verdächtige Person. In dieser Wohnung bedeutet die Meldung »nullsiebenunddreißig«: Schmidt postiert sich gegenüber der Wohnungstür, am Ende der Diele, Meier rechts an der Küchentür, Müller links an der Wohnzimmertür. Und dann: Warten, bis von außen ein Schlüssel ins Schloss gesteckt wird. Der Schlüssel herumgedreht wird. Die Tür sich öffnet. Die Person nach dem Lichtschalter rechts neben der Tür greift. Der Flur in 40-Watt-Licht getaucht wird. Während die Kollegen aus dem Bauwagen unterdessen den Alarmruf abgesetzt und sich an der Haustür postiert haben, um der Nullsiebenunddreißig den Rückweg abzuschneiden.

Müller ist einen Tick zu spät dran, weil er erst vom Wohnzimmerfenster in die Küche rennen und sich die Waffe schnappen muss.

»Bis du auf dem Posten gewesen wärst, wäre die Nullsiebenunddreißig längst in der Wohnung gewesen«, moniert Schmidt.

Müller darauf: »Das hast du mit Absicht gemacht.«

»Ja, klar. Oder glaubst du, die Mohnhaupt oder der Klar warten brav ab, bis du deinen Posten bezogen hast, bevor sie hier reinspazieren?«

»Ich glaub nicht, dass die überhaupt jemals hier reinspazieren werden. Die haben doch die Wohnung längst aufgegeben. Wären doch schön blöd, wenn sie nach dem Banküberfall noch mal hierherkommen würden. Und außerdem ...«

»... und außerdem«, sekundiert Meier, »pfeifen es ja schon die Spatzen von den Dächern, dass hier observiert wird. Jede Rotznase im Viertel weiß, dass in dem Bauwagen da unten keine Bauarbeiter hocken. Gibt ja auch keine Baustelle hier.«

Da stehen sie nun alle drei im Flur der konspirativen Wohnung wie Witzfiguren ohne Pointe, und wer weiß, wie lange sie so herumgestanden wären, hätte nicht Kaminskis Stimme dazwischengefunkt.

»Adler an Horst, kommen! Nullsiebenunddreißig nähert sich der Haustür!«

Müller und Meier beziehen im Handumdrehen wieder ihre Posten.

»Horst an Adler, kommen! Beschreibung?«, fragt Schmidt.

»Weiblich«, quakt die Funkstimme zurück. »Blond, geiler Arsch, große Titten!« Dann rasselt Gelächter aus dem Funkgerät wie ein Hustenanfall.

Müller greift sich das Funkgerät. »Horst an Adler, kommen!«

»Hier Adler, kommen!«, japst Kaminski mühsam.

»Blöde Sau! Ende!«, knurrt Müller. Und dann: »Jetzt brauch ich aber echt ne Zigarette.«

Er kramt auch schon nach der Packung. Oder tut zumindest so. Den Schmidt macht das jedes Mal verrückt. Noch verrückter, als es den Müller macht, wenn er nicht rauchen kann.

Schmidt richtet seine Maschinenpistole auf Müller. »Wenn du hier rauchst, knall ich dich ab.«

»Bitte?«

»Du hast schon richtig gehört. Wenn du hier rauchst, knall ich dich ab. Du kennst die Regeln genauso gut wie wir alle. Kein Licht. Kein Rauch.«

»Und außerdem ›keine Geräusche‹, hast du vergessen.«

Müller hat seine Zigaretten gefunden und fingert eine aus der Packung. Steckt sie sich in den Mund. Greift nach seinem Feuerzeug. »Aber wenn du mich trotzdem abknallen willst, dann bitte erst nach der Zigarette. Die würd ich nämlich ganz gern noch rauchen, wenn's recht ist.«

»Noch mal: Wir sind überhaupt nicht da! Niemand ist da! Diese Wohnung ist unbewohnt! Und deshalb riecht's hier auch nach nix!«

Meier furzt. Dann schnüffelt er genießerisch. »Ah! Das war das Gyros mit Zwiebeln von heute Mittag.« Er wedelt mit der Hand, um sein Darmaroma im Raum zu verteilen.

»Dann doch lieber den Duft der großen weiten Welt«, kommentiert Müller und zündet sich die Zigarette an.

Schmidt starrt ihn fassungslos an.

»Guck nicht so, Mann. Ich muss mir den Stress wegrauchen. Und Meiers Gefurze.«

»Ich glaub, du kapierst nicht, was du da anrichtest mit deinen Scheißzigaretten«, zischt Schmidt mit mühsamer Beherrschung. »Du versaust uns die ganze Taktik! Wenn jetzt ne Nullsiebenunddreißig hier auftaucht, dann wird die den Braten riechen, sobald sie die Tür aufgesperrt hat. Das heißt, zwei ohne Waffe links und rechts, die sie überwältigen und entwaffnen, und einer mit MP, der notfalls Feuerschutz gibt, geht nicht mehr. Wenn's hier nach Rauch riecht, müssen wir alle drei schussbereit sein.«

»Na und? Ich wollte eh sofort schießen. Sonst schießt die doch zuerst.«

»Wir sollen hier aber nicht exekutieren, verdammt noch mal! Wir sollen verhaften!«

»Kann schon sein. Aber ich bin doch nicht lebensmüde.«

Meier steht ihm bei. »Die Baadermeinhofs«, sagt er, »haben bis jetzt genau neun Polizisten abgeknallt. Und ich werd den Teufel tun, den zehnten abzugeben.«

»Dann will ich euch mal was sagen. Wisst ihr, was der Baumann, der Steingruber und der Scholz vorhaben, wenn die hier eingeteilt sind? Die werden sich hinter den Zimmertüren postieren und die Nullsiebenunddreißig erst mal in aller Seelenruhe reinkommen lassen. Und sobald die dann die Wohnungstür hinter sich zugemacht hat und in die Küche oder ins Wohnzimmer geht – Zugriff.«

»Ich bin aber weder der Baumann noch der Steingruber noch der Scholz. Ich bin auch kein Soldat. Ich bin Polizist. Wenn die Lust haben auf ein Himmelfahrtskommando – von mir aus. Aber nicht mit mir.«

»Und außerdem«, ergänzt Müller, »sind die alle drei Nichtraucher.«

Von der Wohnung darüber macht sich ein rhythmisches Geräusch bemerkbar.

Schmidt blickt nach oben. »O nein. Nicht schon wieder.«

Was da quietscht, ist eindeutig ein Bett.

»Mein Gott, muss Liebe schön sein«, kommentiert Meier und starrt an die Zimmerdecke, als könnte er sie mit seinem Blick durchdringen.

»Ist übrigens ne ziemlich scharfe Braut, die da drüber wohnt«, steuert Müller bei.

Mitten in das versonnene Lauschen quakt das Funkgerät.

»Adler an Horst, kommen!«

Diesmal übernimmt Meier. »Hier Horst, kommen!«

»Na, gibt's schon Aktivitäten im zweiten Stock?«

»Bist ja bestens informiert.«

»Hab euch doch gemeldet, dass die Blondine mit den geilen Titten nach Hause kommt.«

»Nee, du hast ›geiler Arsch‹ gesagt.«

»Hab beides gemeint. Und wie sieht's aus?«

Zum quietschenden Bett hat sich inzwischen eine Frauenstimme gesellt.

»Horst an Adler, wird bestimmt bald kommen! Ende!«

Die Frauenstimme stöhnt im Rhythmus.

»Ist das die, die vor ein paar Tagen die Treppe runtergekommen ist, als wir Schichtwechsel hatten?«, fragt Schmidt.

»Genau die. Ist ne Friseuse«, weiß Meier.

»Ach. Und wo arbeitet die?«

»Weiß ich noch nicht. Krieg ich aber noch raus.«

»Ich denk, du bist verheiratet?«

»Na und? Ich darf mich doch wohl noch schön machen lassen für meine Frau.«

Alle drei lachen einträchtig. Dann lauschen sie wieder.

»Ich würd ja zu gern wissen, ob sie oben oder unten liegt«, sinniert Müller und tastet gedankenverloren nach seiner Packung Stuyvesant.

»Lang halt ich das nicht mehr durch. Wenn ich mir das noch ein paar Wochen lang anhören muss und jedes Mal nen Harten krieg dabei, dann werd ich der Dame mal einen Besuch abstatten«, verkündet Meier. »Aber die kugelsichere Weste werd ich vorher ablegen. Und den Rest auch.«

»Da mach dir mal keine Sorgen. Heute Abend passiert noch was, ich schwör's dir. Ich hab da so ein ganz komisches Gefühl. Und deshalb will ich nicht, dass hier geraucht wird. Ist das klar?«

»Klar«, bestätigt Müller. »Gestern Rom, heute Nürnberg. Völlig klar.«

»Genau. Und morgen dann ganz bestimmt Paris«, ergänzt Meier. »Übrigens, apropos ›Paris‹: Unterhalten sich zwei. Sagt der eine: ›Ich muss unbedingt mal nach Frankreich! Da kann man umsonst fressen und saufen, so viel man will, man kann umsonst in den besten Hotels übernachten, und umsonst bumsen kann man auch.‹ – ›Echt? Woher weißt du das? Warst du da schon mal?‹ – ›Nee, ich nicht. Aber mein Vater war im Krieg dort, der hat's mir erzählt!‹«

Von oben kommt ein Lustschrei. Diesmal eindeutig männlich. Das Quietschen verebbt.

»Immerhin, knapp zehn Minuten«, verkündet Müller.

»Du schaust auf die Uhr, wenn die da oben anfangen?«

»Nee. Ich hör nur auf die Busse. Die haben kurz nach einem Bus angefangen. Und grad ist der Gegenbus vorbeigefahren. Die sind immer zehn Minuten zeitversetzt. Ungefähr.«

Für eine ganze Weile wird es still.

»Die Mohnhaupt«, sagt schließlich Müller. »Die Ensslin, die Meinhof. Die Helbing, die Krabbe, die Möller, die Speitel, die Dyck, die Sternebeck. Und wie sie alle heißen. Oder geheißen haben. Kann mir einer erklären, wieso bei dem Sauhaufen so viele Weiber dabei sind?«

»Kann nur an der Emanzipation liegen«, behauptet Schmidt.

Meier widerspricht. »Quatsch. Die werden bloß nicht richtig rangenommen. Unsere Friseuse da oben kommt bestimmt nicht auf dumme Gedanken.«

»Aber wer soll denn die RAF-Weiber rannehmen? Da ist doch eine ne größere Schnepfe als die andere«, findet Müller.

»Genau da liegt wohl das Problem«, konstatiert Meier. »Aber abgesehen davon frag ich mich, was die überhaupt wollen. Bis vor zwei Jahren wollten die doch bloß noch den Baader und die Ensslin freibekommen. Aber das hat sich ja erledigt.«

»In der SZ haben sie geschrieben, die Roten Brigaden wollen das bürgerliche System als verkappten Polizeistaat entlarven. Und einer soll bei dem Anschlag in Rom gerufen haben: ›Das ist ein proletarischer Angriff.‹«

»Die machen sich doch ihren Polizeistaat selber. Wenn's diese Typen nicht gäbe, dann wären wir drei überhaupt nicht hier. Dann würden wir jetzt ...«

»... Friseusen aufreißen. Zum Beispiel.«

»Unser ganzes SEK gibt's doch bloß wegen denen.«

»Und was heißt da ›proletarischer Angriff‹? Die können ja rübergehn, wenn's ihnen hier nicht passt. Aber da würden sie sich umschauen. Ich kenn die DDR. Meine Frau hat da nämlich Verwandte. Da wären die durch die Bank als asoziale Elemente in Bautzen gelandet, bevor sie auch nur ans Bombenschmeißen hätten denken können.«

Kaminski platzt ins Gespräch. »Adler an Horst, kommen!«

In seiner Stimme ist ein nervöses Flackern.

»Hier Horst, kommen!«

»Nullsiebenunddreißig nähert sich der Haustür – schmal, zirka eins siebzig – zirka dreißig Jahre alt – vermutlich männlich –«

Schlagartig wird Müller klar, was er nur eine Viertelminute vorher wie nebenbei wahrgenommen hat: Der vom Bahnhof kommende Bus hat sein Tempo verlangsamt, um die Haltestelle zu bedienen. Müller hat in dem Moment sogar einen kurzen Blick auf die Uhr geworfen: fünf vor zehn. In diesen Abendstunden halten die Busse hier nur selten, vor allem die stadtauswärts fahrenden. Gerade heute, am Freitag. Wer ausgegangen ist, kommt um diese Zeit noch nicht zurück. Unwahrscheinlich auch, dass jemand an der Haltestelle gestanden ist und der Bus nur zum Zusteigen gestoppt hat. In der Nähe gibt es zwar eine Szenekneipe. Aber da geht an einem Freitagabend keiner um zehn nach Hause. Gut möglich also, dass jemand mit dem Zug kam und am Hauptbahnhof den Bus hierher genommen hat.

Bis zu diesem Punkt ungefähr waren Müllers halb bewusste Gedanken gekommen, als der Kollege aus dem Bauwagen seine Meldung durchgab, und deshalb ist ihm jetzt zumute, als hätte er sie vorausgeahnt.

»… ist an der Haustür – sperrt Haustür auf …«

»Verstanden. Ende!«

Müller, Meier und Schmidt wissen, dass man in zirka drei Sekunden von der Haustür an der Wohnungstür sein kann. Und da zu vermuten ist, dass die Nullsiebenunddreißig ebenso ungern gesehen werden möchte wie Müller, Meier und Schmidt, ist auch zu vermuten, dass sie ebenfalls, wie Müller, Meier und Schmidt, mit jedem Schritt zwei, wenn nicht drei Stufen nimmt und in drei, vielleicht sogar schon zwei Sekunden vor der Wohnungstür stehen wird.

Müller muss daran denken, dass er seine Zigarettenpackung auf dem Wohnzimmertisch hat liegen lassen. Aber auch wenn er sie nicht hätte liegen lassen – die Möglichkeit, sich hinter den Zimmertüren zu verbergen, um die Person zuerst nichtsahnend die Wohnung betreten zu lassen und dann erst zuzugreifen, kommt ihm jetzt, da er mit entsicherter Pistole auf seinem Posten steht, geradezu haarsträubend abwegig vor. Nicht in so einem kleinen Apartment. Da spürt man doch schon im Flur, ob die Wohnung leer ist oder nicht. Menschen verbreiten Gerüche. Auch ohne Zigarettenrauch.

Ein Schlüssel wird ins Schloss gesteckt.

Schmidt hält den Atem an. Der Klar kann das nicht sein, der da vor der Tür steht, denkt er. Der ist größer als eins siebzig. Außerdem ist eins siebzig nicht groß für einen Mann. Könnte also eine Frau sein. Zumal die Spezialisten vom BKA vor ein paar Tagen durchgegeben haben, dass am ehesten eins von den Flintenweibern kommt, und zwar entweder die Helbing oder die von Dyck.

Der Schlüssel wird einmal herumgedreht.

Meier hält den Atem an. Hat er heute den Schlüssel auch wirklich zweimal im Schloss gedreht? Er ist sich plötzlich nicht mehr sicher. Obwohl sie doch genau darauf immer aufgepasst haben – dass der Schlüssel zweimal rumgedreht wird. Weil garantiert jedes RAF-Mitglied weiß, dass die Wohnung doppelt versperrt hinterlassen wurde. Und dass was faul sein muss, wenn der Schlüssel sich nur einmal drehen lässt. Dass man dann am besten schleunigst den Rückzug antritt.

Der Schlüssel wird ein weiteres Mal herumgedreht.

Müller hält den Atem an. Aus dem Türspion dringt kein Licht in den Flur, fällt ihm auf. Die Nullsiebenunddreißig ist also im Dunkeln die Treppe hochgekommen. Kurz durchzuckt ihn der Gedanke, ob es nicht der Kaminski sein könnte, der da vor der Tür steht und sich wieder einen seiner saublöden Scherze leistet. Sollte es wirklich der Kaminski sein, der gleich in der Tür stehen und sich ausschütten wird vor Lachen, dann wird er ihn umbringen, schwört sich Müller. Ohne Waffe. Mit der bloßen Hand.

Die Wohnungstür wird geöffnet. Die Nullsiebenunddreißig tritt ein. Schmidt wartet die schier unendlich lange Zeit ab, die es dauert, bis die Nullsiebenunddreißig das Licht im Flur einschaltet.

»Polizei! Hände hoch!«, ruft er.

Sein Ruf trifft in das maßlos erstaunte Gesicht einer jungen Frau mit adrettem Kurzhaarschnitt, und beinahe möchte man ihrer Miene glauben, dass alles ein Irrtum ist, dass Müller, Meier und Schmidt einer harmlosen Sachbearbeiterin namens Friedrichs aufgelauert haben, wie es an der Wohnungstür geschrieben steht, die soeben von einer Urlaubsreise nach Hause kommt und sie jetzt ansieht, als wären sie billige Spukgestalten aus einer Geisterbahn – aber trotzdem könnte die Frau doch jetzt die Hände hochnehmen, um dem Spuk ein Ende zu bereiten. Stattdessen greift sie beidhändig an ihre Hüfte wie ein Westernheld nach seinen Colts, obwohl doch Müller, Meier und Schmidt längst gezogen haben. Schon fällt ein Schuss, unter dem sie sich krümmt, Meier war's, wird sich später herausstellen, Meier hat als Erster die Nerven verloren. Der Schuss geht in ihren Oberschenkel, da könnte sie schon nicht mehr fliehen, doch noch während sie zu Boden geht, macht ihr Körper eine Drehung, als wende sie sich zur Flucht, gut möglich aber auch, dass sie noch im Fallen nach ihren Waffen greifen und schießen will, und da verliert nun auch Müller die Nerven und gibt den zweiten Schuss ab, der die Frau in den Rücken trifft. Es war nicht auszuschließen, wird er später sagen, dass die von Dyck mit allen Mitteln versuchen würde, sich ihrer Festnahme zu entziehen, und ebenso wenig, dass sie dazu einen Schuss abgeben würde; es war unumgänglich, ihrem Vorhaben durch einen Präventivschuss zuvorzukommen.

Die Frau stößt einen Schrei aus und bricht endgültig zusammen.

Jetzt wird es hell im Treppenhaus. Kaminski kommt mit Klein und Schuster die Treppe hoch. Die Wohnungstür gegenüber öffnet sich. Ein Mann im Unterhemd erscheint. *Was, zum Teufel, ist hier los?*, will er rufen, aber Kaminski schneidet ihm das Wort ab, »Zurück, bleiben Sie zurück!« schreit er und zieht die Tür so heftig ins Schloss, dass es wie ein weiterer Schuss durchs Treppenhaus hallt. Dann fällt sein Blick auf Müller, der am Boden kniet, neben ihm liegt eine Frau, in deren Gesicht der nahende Tod ein immer größer werdendes Staunen malt, und auch Müller schreit. »Einen Sanka! Wir brauchen einen Sanka!« – »Kommt gleich«, gibt Kaminski zurück. »Hab schon Großalarm gegeben.« Und wirklich, aus weiter Ferne hört man bereits eine schrille Klangcollage aus

Martinshornsignalen, die sich aus allen Richtungen nähern und die Stadt in Erinnerungen stürzen; ein solches Inferno hat sie zuletzt erlebt, als sie von Bombergeschwadern heimgesucht wurde. Obwohl es doch keine Hunderte von Opfern gibt, sondern nur eines. Aber wer weiß, ob es jetzt nicht erst richtig losgeht. Gestern Rom, heute Nürnberg. BOMBEN, GEISELN, SCHREIE – TOD.

Müller steht auf und tastet sich ins Wohnzimmer wie ein Blinder, obwohl irgendjemand, wahrscheinlich Meier oder Schmidt, alle Lichtschalter der Wohnung betätigt hat, sodass alles deutlich sichtbar ist. Auch die Packung Stuyvesant auf dem Wohnzimmertisch. Müller steckt sie hastig ein. Heute hat er zum ersten Mal im Leben einen Menschen umgebracht. Zum Glück für ihn keine Frau Friedrichs, wie es an der Wohnungstür geschrieben stand. Sondern nur die Terroristin Elisabeth von Dyck.

DIE RICHTSTÄTTE
FUND EINES SKELETTS UNTER DEM GALGEN VON ROßTAL, DATIERT AUF UM 1700

Der Wissenschaftler

Hohes Gericht! Ja, ich weiß, ich stehe hier nicht vor einem wirklichen Gremium der Justiz. Aber sollte es das nicht geben? Eine hohe, ja höchste Stelle, vor der das Wichtigste verhandelt werden kann, das es gibt, nämlich die Wahrheit und nichts als die Wahrheit, und zwar auf der Basis von Zahlen und Fakten? Denn um diese und nur diese geht es mir als Wissenschaftler. Die Archäologie ist meine Zunft, und mein Anliegen ist es, eine Instanz anzurufen, um Anklage zu erheben, weil meiner Ansicht nach verstoßen wurde gegen die hehrsten Prinzipien. Weil ich zu schwören bereit bin, wünsche ich mir Geschworene. Und weil ich Recht haben will, spreche ich zu einem Richter. Es muss ihn geben. Jawohl, ich klage an. Dies ist mein Plädoyer.

Ich frage: Was haben wir? Wir haben einen archäologischen Tatort, der von Dilettanten – und ich meine das nicht despektierlich – ohne angemessene Ausbildung ausgegraben wurde. Ohne naturwissenschaftliche Analysen, ohne Dokumentation, ohne sorgsamen Umgang mit den Beweisstücken und – das werde ich später zu erläutern suchen – mit einer recht freien Interpretation des Gefundenen in Bezug auf den Tathergang.

Zugegeben, die Umstände waren misslich. Man hatte kein Geld, keine Zeit, keine Ahnung. Es gleicht einem Wunder, dass man überhaupt etwas fand, und oh, man wurde fündig. Man fand das Opfer eines Mordes. Aber ich greife vor.

Gehen wir einen Schritt zurück: Stellen Sie sich einen Kreis vor, einen Kreis von sieben Komma fünf Metern Durchmesser, umgürtet von einer Steinmauer – denn dass es eine Mauer gab, darin stimme ich mit den Vertretern der Gegenseite durchaus überein, eine massive Sandsteinmauer, bald einen Meter dick, zu deren Kranz eine Treppe hinaufführte, deren Fundamente man ebenfalls fand. Einen Mauerring, in dessen geheimnisvolles Inneres eine feste Holztür führte. Von der selbstverständlich keine Spuren geblieben sind. Doch stellen wir sie uns vor, sie war da.

Dieser geheimnisvolle Steinkreis – wie hoch war er? Wozu diente er? Die Dimensionen der Treppe ließen auf eine Höhe von etwa einem Meter vierzig schließen, sagt mein Gegner. Und dass der Kreis das Fundament einer Schaubühne gewesen sei, einer Bühne des Todes. Lassen Sie uns darüber einen Moment nachdenken: eine Schaubühne?

Sicher, der Tod war ein Schauspiel, vom Mittelalter bis in die Neuzeit hinein. Hinrichtungen wurden öffentlich zelebriert, vor riesigen Menschenmassen, noch im vorletzten Jahrhundert, Tausende, ja Zehntausende konnten da zusammenströmen, selbst in beschaulichen Städtchen wie Ansbach oder Roßtal. Dazu sprach der Pfarrer, sprach ein Richter, belehrte man die Leute genauestens über das, was geschah und warum es geschah. Später druckte man Broschüren und verteilte sie unterm Volk; die Bänkelsänger trugen es auf ihre Weise weiter, ein wenig schauriger, weniger belehrend. Heutzutage tut der *Tatort* am Sonntagabend, wenn Sie mir die Bemerkung erlauben, vielleicht etwas Vergleichbares: Mit Schauder und Schrecken erzieht er das Volk; hernach wird die Lektion noch einmal in einer Talkshow durchgekaut, für diejenigen, die es intellektueller mögen. Damals erledigte man das im örtlichen Wirtshaus. Aber wir schweifen ab. Eine Schaubühne? Frage ich und sage: Nein.

Verlassen wir doch den Bereich der Spekulation und wenden uns den schriftlichen Beweisstücken zu: Aus den Unterlagen des

Rentamtes Cadolzburg geht eindeutig hervor, dass es sich beim örtlichen Richtplatz um einen, ich zitiere, »ringförmigen, sieben Schuh hohen Unterbau, bestehend aus 275 Quadern« gehandelt hat. Wobei ein Schuh mit 0,304 Meter anzusetzen ist, sodass wir die Thesen meines Gegners in Bezug auf die Höhe getrost aufgeben können. Wie steht es mit seinen anderen Theorien?

Die Urkunden, die Sie, Herr Richter und verehrte Geschworene, in der eingereichten Beweisstückliste unter C Punkt 2 finden, stimmen darin überein, dass es sich bei dem Steinring um den Unterbau eines sogenannten dreischläfrigen Galgens handelt, auf dessen Krone man drei oder vier Pfeiler hochmauerte, die die Aufgabe hatten, die Exekutionsbalken, an denen die Seile angebracht waren, waagerecht zu halten. Brunnengalgen nennt man diesen Typ, für dessen Verbreitung Sie Belege und Fotodokumente in Anlage C Punkt 3 finden. Anlage C Punkt 4 zeigt alte Katasterpläne sowie ein Flurnamenverzeichnis, erstellt vom Roßtaler Oberlehrer Albert Kreiselmeyer im Jahr 1924. Sie können der Aufstellung entnehmen, dass der Tatort auf den Flurstücken 715 und 716 liegt, die von den Roßtalern noch in dieser Zeit als »beim Galgen« bezeichnet wurden. Nicht etwa als »bei der Schaubühne«.

Unter »Bemerkungen« findet sich bei ihm zu diesem Flurstück übrigens der Hinweis, dass »aus den Steinen der Ummauerung des Richtplatzes« das Wohnhaus Nr. 140 erbaut wurde; nach aktueller Benennung handelt es sich um das heute noch stehende Wohnhaus Fürther Straße 24. Ich hoffe, es sind heute keine Bewohner dieses Hauses hier, sonst stürzt sich mein Kontrahent womöglich mit einem Pflock auf sie, um sie als Vampire zu exorzieren. Wie meinen Sie, Herr Richter? Ich werde polemisch? Ich bitte um Vergebung; streichen Sie meine letzte Bemerkung aus dem Protokoll.

Während Sie die Beweisstücke betrachten, lassen Sie mich zusammenfassen: Mein Kontrahent irrte sich in Bezug auf Höhe und Funktion des Bauwerkes, das er fand. Wo, müssen wir uns fragen, und das ist der Sinn dieser manchen vielleicht pedantisch erscheinenden Erwägungen, wo irrte er noch? Wo irrte er womöglich entscheidend? Am Ende gar in der Natur des Verbrechens selbst, das er entdeckt haben will?

Damit kommen wir zum eigentlich Interessanten des Fundes: dem Skelett. Und hier nun häufen und häufen sich die Irrtümer, die Missinterpretationen, die Fehler derart … aber gehen wir der Reihe nach vor, überhasten wir nichts, machen wir nicht denselben Fehler wie andere. Halten wir wiederum fest, was wir haben:

Wir haben das beinahe vollständige Skelett eines Menschen, begraben im Zentrum des Steinkreises mit den Füßen nach Osten. Der Kopf wurde, vermutlich durch Durchtrennen der Halswirbelsäule bei lebendigem Leib, entfernt und zwischen den Füßen platziert; die rechte Hand fehlt vollständig.

Malen Sie sich das Bild gerne aus, meine Damen und Herren, aber erschrecken Sie nicht zu sehr. Wir müssen kaltblütig bleiben, um dem Verbrechen auf die Spur zu kommen. Wir sind alle sterblich. Und manche von uns sind tödlich. Die Gewalt begleitet uns Menschen, seit wir den aufrechten Gang beherrschen.

Ja, wir haben einen Mord vorliegen, und ja: Jemand starb gewaltsam und an einem schaurigen Ort. Aber wer, wie und warum?

Und hier beginnen sie wieder, all die kleinen Fehler. Oder sind sie am Ende gar nicht so klein? Urteilen Sie selbst: Die Gegenseite gab eine ärztliche Untersuchung der gefundenen Knochen in Auftrag. Die Untersuchung kam zu dem Schluss, dass es sich um einen Mann handeln müsse. Wir haben nun dieses Skelett noch einmal untersuchen lassen. Die Ergebnisse finden Sie unter D Punkt 1 – alle Knochenmaße, die Zahnbefunde. Das Skelett maß allenfalls einen Meter einundfünfzig und muss als grazil bezeichnet werden. Glabella beziehungsweise der Arcus superciliaris, der Margo supraorbitalis, der Processus mastoideus, das Planum nuchale sowie das Mentum am Unterkiefer weisen eine weibliche Ausprägung auf. Also eine Frau, eine kleine Frau sogar ist es, die dort lag, kein Mann. Das ändert vieles, nicht wahr? Womöglich ändert es alles?

Ich überlasse es den geschätzten Geschworenen zu überlegen, wie weit sie der Argumentation eines Menschen folgen wollen, der Männlein nicht von Weiblein unterscheiden kann. Schon gut, schon gut, Herr Richter, ich ziehe die Bemerkung zurück.

Mein werter Gegenspieler ist im Übrigen bis heute noch nicht einmal bereit, das Geschlecht der Toten zuzugeben. Vielmehr will er, in Überarbeitung seiner ersten These, nunmehr von einem kleinwüchsigen Zwitter ausgehen. Kleinwüchsige Zwitter brauchen natürlich gar nicht erst ein Verbrechen zu begehen; sie sind qua Existenz ein Verbrechen gegen die Natur, das der tumbe, abergläubische Mensch des Mittelalters brachial geahndet hat durch Beendigung dieser Existenz – so die Gegenseite, die in der Frage, warum der Mensch, dem diese Knochen gehören, sterben musste, nicht weiter danebenliegen könnte. Sie irrt sich in der Identität. Und folgerichtig irrt sie sich im Motiv.

Und wieder treten wir einen Schritt zurück und fragen uns: Wie starb also diese Frau? Ihr Kopf wurde abgeschlagen, kein Zweifel, auch wenn dank der mehr als unsachgemäßen Bergung durch meinen geschätzten Kontrahenten die Halswirbel, die uns das genau hätten sagen können, möglicherweise verloren gegangen sind. Nun ja. Eine Hinrichtung also, eine Köpfung.

Und die Hand? Wir wissen aus der Überlieferung von Strafen, die das Abschlagen eines Körperteils beinhalten, oftmals der Hand. Sie wurde gerne angenagelt an den Galgen, an dem der Verurteilte starb. Das würde auch erklären, warum sie im Grab nicht zu finden war. Vermutlich haben sie sich Stück für Stück die Krähen geholt und die kleinen Knöchelchen verstreut. Ich sage »vermutlich«, aber ich gebe zu, dass es auch andere Möglichkeiten geben mag. Spekulationen sind das Metier meines verehrten Gegners. Schaurig krächzende Krähen, verwesende Hände, all die beindruckenden Details überlasse ich ihm gerne. Er ist ja auch derjenige, der behauptet, dass die Leiche ursprünglich auf ein Präsentationsbrett genagelt worden sei, samt Kopf, wie eine Dada-Collage aus dreidimensionalen Teilen, um den Menschen gezeigt zu werden. Seine Belege? Holzreste, die sich genauso zwanglos, am Ende vielleicht noch viel zwangloser, mit dem Vorhandensein von etwas viel Naheliegenderem erklären ließen, etwas so Naheliegendem wie einem Sarg vielleicht?

Außerdem werden drei Nägel als Beweis vorgelegt, die sich am Fundort befanden, Nägel so klein, dass Sie damit kein Medaillon an die Wand bekämen, geschweige denn einen menschlichen Schädel. Dafür benötigt man schon ordentliche Dinger. Wenn Sie mich fragen: Zufall, dass diese Nägelchen überhaupt dort lagen.

Warum aber hat man eine Frau geköpft und ihr die Hand abgehauen? Wir müssen die Antworten in ähnlich gelagerten Fällen suchen. Ich füge hier den Bericht über die Hinrichtung einer Kindsmörderin aus Leutershausen von 1747 an: Nach ihrer Enthauptung heftete der Scharfrichter die abgehauene Hand und den Kopf an den Galgen, während man den Körper unter dem Galgen eingrub. Ich überlasse Ihnen die daraus zu ziehenden Schlussfolgerungen für den vorliegenden Fall. Die überwiegende Zahl der weiblichen Hingerichteten übrigens, das lehrt uns die Statistik, waren Kindsmörderinnen.

Und so zeichnet sich, um zum Schluss zu kommen, ein überaus gewöhnliches Szenario ab, ein Allerweltsverbrechen, wenn Sie so wollen: eine arme Frau, eine Magd vielleicht, eine Witwe, tötet ihr neugeborenes Kind. Sie wird angezeigt, ergriffen, verurteilt. Wird ihrerseits zu Tode gebracht durch Enthauptung. Ihr Körper wird an der Richtstätte verscharrt, mittig, nun ja. Gestehen wir den Menschen der Vergangenheit ein wenig Sinn für die Schönheit der Geometrie zu.

In diesem Sinne verneige ich mich vor dem Hohen Gericht und erkläre: Fall gelöst.

Der Laie

Ein Hohes Gericht also, ja? Nun, liebe Mitbürger jedenfalls und auch verehrte Mitglieder der Presse. Ich wende mich an diesen letzteren Stand, da sein Wirken einen nicht unerheblichen Einfluss auf meine Person und damit den vorliegenden Fall hatte. Als Vampirgläubigen, als Vertreter von Wiedergängertheorien hat mich ja erst die schreibende Zunft abgestempelt, die meine Einlassungen allzu sehr versimpelt und mit griffigen Überschriften versehen hat. Sodass ich mich jetzt in der Lage sehe, mich von Behauptungen distanzieren zu müssen, die ich nie aufgestellt habe. Ich sehe mich keinesfalls als neuen Professor van Helsing, wenn Sie mir die Bemerkung gestatten. Und sollten in der Tat Bewohner des Hauses Fürther Straße 24 anwesend sein, so möchte ich Ihnen versichern, dass von mir keinerlei Gefahr ausgeht. Ich trage weder zugespitzte Pflöcke noch silberne Musketenkugeln bei mir.

Ich verstehe mich als Kulturhistoriker und habe mich immer schon für das Phänomen des Aberglaubens und seine Macht über die Menschen interessiert. Das bedeutet nicht, selbst abergläubisch zu sein.

Ich sehe meinen Ankläger lächeln, der so viel Wert darauf legt, Fehler richtigzustellen. Also lassen Sie mich das Gleiche tun: Begehen Sie nicht den Fehler, mich mit der Berichterstattung über mich zu verwechseln. Und fallen Sie auch nicht auf die Polemik herein, die vor diesem Gericht inszeniert wird. Was Fehler angeht: Die erste medizinische Bestimmung des Skeletts wurde, da ich selbst kein Mediziner bin, an einen ausgebildeten Pathologen übertragen. Ein Vorgehen, mit dem ich wohl wissenschaftlich korrekt gehandelt haben dürfte. Das Ergebnis dieser Untersuchung zeichnet in der Tat das Bild eines grazilen Menschenwesens. Die geschlechtlichen Merkmale wurden jedoch nicht ganz so eindeutig identifiziert, wie es die Gegenseite gerne hätte. Ich bin, wie gesagt, kein Mediziner und kann nur zitieren: Die genannten Schädelmerkmale weisen teils eher weibliche, teils aber indifferente Merkmale auf, und zwar handelt es sich dabei – lassen Sie mich das nachschlagen für die naturwissenschaftlich Interessierten – um Planum nuchale und um das Mentum. Indifferent also. Damit kann das Skelettgeschlecht eben nicht so sicher bestimmt werden, wie mein Gegenspieler vollmundig behauptet. Ein Mediziner hat es für männlich gehalten, ein anderer für weiblich; es ist klein. Das ist die »Sachlage«, auf die hier immer so viel Wert gelegt wird. Nicht jeder kleine Mensch muss weiblich sein. Ist die Annahme nicht sogar ein wenig sexistisch?

Und die Medizin, lassen Sie mich auch das festhalten, ist viel weniger eine exakte als vielmehr eine Erfahrungswissenschaft. Vielleicht trennen also einfach unterschiedliche Erfahrungen unsere Positionen. Und unterschiedliche Interessen. Mein Interesse gilt nun einmal nicht den Schädelmaßen, sondern den Gedanken, die in Schädeln am Werke sind.

Im Übrigen bin ich durchaus nicht so festgelegt in meiner Neigung, die Identifikation als weiblich anzuzweifeln, wie meine Gegner es darstellen. Immerhin habe ich mit dem Gedanken gespielt, dass es sich bei dem Körper um den einer ganz bestimmten Pfälzerin gehandelt haben könnte, die den Chroniken zufolge 1710 unter dem Verdacht der Kindstötung der Befragung mittels Folter unterzogen worden war. Mein Kontrahent weiß auch um diese meine Überlegungen, schließlich hat er es sich nicht nehmen lassen, mich öffentlich auf den Irrtum hinzuweisen, der mir dabei unterlief. Der Zettel, den er Ihnen gerade zuzuschieben versucht, Herr Richter, bezieht sich bestimmt auf eben diesen Umstand. Aber ich gestehe es gerne selbst: Ich habe die Archivalien nicht vollständig gesichtet; deshalb entging mir, dass besagte Pfälzerin die Folter überstand, ohne zu gestehen. Sie muss eine außerordentlich zähe Person gewesen sein, will mir scheinen. Also ein weiterer Fehler. Nun ja, ich gebe zu, er schmerzt.

Ich gebe weiterhin zu, ich bin kein Naturwissenschaftler, bin nicht einmal an diesen Fächern interessiert. Das ist kein Vergehen. Ich habe meinen Mitmenschen einen Dienst erwiesen, indem ich einen Tatort gesichert habe, der sonst zerstört worden wäre. Ohne mich wäre dieses gesamte Verbrechen niemals ans Licht gekommen. Ich finde, das sollte man mir zugutehalten. Triangulierungen, Stoffanalysen, Schichtendokumentation – wir haben uns an jenem Tag nicht darum geschert. Kein Geld, keine Ahnung, wie man beliebte es zu formulieren, vor allem aber hatten wir keine Zeit. Sie müssen es sich so vorstellen: Der Bauer, dem das Areal gehörte, stand mit seinem Trecker bereit, um alles unterzupflügen und für immer zu vernichten. Furche um Furche bearbeitete er sein Land mit dem Tiefpflug, Furche um Furche näherte er sich, keinem Zuspruch offen, nicht gewillt, Kompromisse einzugehen. Der Motor tuckerte, der Regen fiel. Es regnete nämlich an jenem Tag, auch das kam dazu, es war ein kühler Oktober, es goss in Strömen, und mein kleiner Trupp Freiwilliger wühlte im Matsch, so gut er es vermochte. Wir legten einen Stichgraben an, dann Quergräben, als wir fündig wurden. Wir waren also nicht gänzlich ohne Plan, wenn uns leider auch niemand eine professionelle Ausrüstung spendiert hatte, noch nicht einmal eine Zeltplane, um die Funde zu schützen. Der Abraum, in dem der Pfarrer als Erster menschliche Knochenfragmente entdeckte, war ein Haufen Schmutz, den der Regen blank wusch. Wir konnten ihn weder schützen noch irgendetwas sieben oder sortieren.

Aber wie hätte die Alternative ausgesehen? Es wäre gar nichts geschehen. Es gäbe keinen einzigen Fund, über den wir heute würden streiten können. Nichts wäre geblieben als die bereits erwähnten Flurnamen. Jetzt lässt sich sogar der Weg rekonstruieren, den damals die Verurteilten vom Oberen Markt, wo ihr Urteil noch einmal öffentlich verkündet und der Stab über sie gebrochen wurde, bis zum Galgen gingen.

Dass es sich um einen Galgen handelt, habe ich übrigens nie geleugnet. Mein Wort von der Schaubühne bezieht sich, wie auch die Gegenseite zugibt, auf den öffentlichen, demonstrativen, ja unterhaltenden Charakter, den Hinrichtungen damals hatten. Ich schließe mich der Einschätzung der Hinrichtung als Volkserziehung gerne an. Wobei man vielleicht bedenken muss, dass das Volk nicht nur einseitig von einer Obrigkeit erzogen wurde. Es hatte seinerseits seine Überzeugungen, seine Rituale und seine Vorstellungen, denen diese Obrigkeit Rechnung trug und die sie im Hinrichtungsgeschehen zum Ausdruck brachte. Das waren andere Vorstellungen als unsere heutigen. Sie waren teilweise magisch. Und auch in diesem Aspekt wurden sie von der Obrigkeit geteilt, die ihrerseits magisch dachte. Deshalb zum Beispiel wurden die Errichtung eines Galgens und alle zum Vollzug einer Hinrichtung nötigen Vorarbeiten auf möglichst viele Gemeindemitglieder verteilt; die Blutschuld für das genommene Leben, auch wenn es auf der Basis eines Gerichtsurteils beendet wurde, musste geteilt werden, um tragbar zu sein. Sie musste auch begründet werden, damit einen keine Rache träfe, und nach sichernden Regeln vollzogen. Deshalb brach man den Stab über einem Gerichteten und erklärte öffentlich und laut die Rechtlichkeit des eigenen Tuns. Und deshalb auch wurde das Blut stets vor den Toren vergossen und ruhten die Hingerichteten nicht auf den Friedhöfen mit den »ehrlichen« Menschen. Ebenfalls deshalb waren Scharfrichter Unberührbare. Und ebenfalls deshalb existierte ein florierender Handel – auch das bis ins neunzehnte Jahrhundert hinein – mit dem Blut, Fett und den Körperteilen von Hingerichteten zu medizinischen Zwecken. Als letztes Echo davon können Sie Apothekenfläschchen finden, die mit dem Vermerk »Mumienpulver« beschriftet sind. Auch die Schulmedizin hielt die Toten lange für pharmakologisch interessant. Worauf man wiederum einige Anmerkungen über die Medizin als Wissenschaft im zeitlichen Wandel machen könnte. Aber ich schweife ein wenig ab.

Wir waren beim Thema der Schaubühne. Natürlich gab es ein Theater des Todes. Aber nicht dieser Umstand allein ließ mich von einer Bühne sprechen – die historischen Quellen selbst, die bereits so viel zitiert wurden, haben mich zu der Wortwahl veranlasst. Die schon erwähnte Peinliche Halsgerichtsordnung, die in Roßtal Anwendung fand, sah als mögliche Todesstrafen Erhängen, Ertränken, Enthaupten, Rädern, Verbrennen sowie das Lebendig-Begrabenwerden vor. Für das Erhängen benötigt man sicherlich einen Galgen. Aber auch die anderen Strafen verlangen nach Raum. Auch sie werden gut sichtbar praktiziert worden sein, auf einer Plattform vielleicht, falls die Dicke des Mauerfundaments von einem Meter für solche Verrichtungen nicht breit genug war. Dass sich keine Spuren einer gemauerten Plattform fanden, mag auf unsere zu hastige, unvollständige und ja, meinetwegen, dilettantische Suche zurückzuführen sein. Oder wir müssen von einer gezimmerten Plattform ausgehen. So oder so: Eine Bühne hat es an diesem Ort mit ziemlicher Sicherheit gegeben. Dazu Zuschauer. Und Schauspieler: Richter, Henker, Priester, Wächter. Und den Menschen, der hingerichtet wurde.

Möglicherweise werden wir nicht mehr erfahren, wem diese Knochen gehört haben. Die Altersbestimmung mittels der allseits bekannten C14-Methode ergab inzwischen, dass er zwischen 1658 und 1781 gestorben sein muss, das umfasst immerhin fast drei Generationen. Der Exaktheit der einzelnen Jahreszahlen steht die Weite der Zeitspanne seltsam paradox gegenüber, will mir scheinen. Warum nicht 1655 bis 1783? Aber wie gesagt, ich bin kein Wissenschaftler. Ein Wissenschaftler ist einer, der Ihnen, wenn sich später herausstellt, dass der Tod doch schon 1253 eintrat, ausführlich erklärt, warum genau man sich vorher so geirrt hat, ja hat irren müssen. Aber ich schweife wiederum ab.

Für die Zeit gibt es Unterlagen im Rentamt von Roßtal, wo alle sogenannten »Fraischfälle« festgehalten wurden. »Fraisch« oder

»Fraiß« – das ist das oberdeutsche Wort für Schrecken, Furcht und Schmerz. Sie können sich also vorstellen, worum es ging: um Fälle, in denen Schmerz zugefügt worden war und deshalb mit Schmerz gestraft wurde, um die sogenannte Blutsgerichtsbarkeit mit anderen Worten, die bei Raub, Mord, Hochverrat, Brandstiftung und dergleichen zum Zuge kam und Todesstrafen verhängte. Fraischfälle, Schmerzfälle, Schmerzen, die dann am dreischläfrigen Galgen eingeschläfert wurden – ist die Sprache nicht bemerkenswert? Fraischfälle also wurden im Rentamt allesamt aufgezählt. Allerdings weder mit Namen des Verurteilten noch mit dem Urteil oder der Strafe, sondern lediglich mit den Kosten, die die Hinrichtung insgesamt verursacht hat. Es gab Fraischfälle im fraglichen Zeitraum, die Gegenseite war so freundlich, sie aufzulisten: 1679, 1714, am 31. August 1765, zuletzt 1780. Mein geschätzter Kontrahent unternahm es zu recherchieren, dass es sich bei der Fraisch 1714 um eine Doppelhinrichtung zweier Männer handelte; es gibt da wohl einen zeitgenössischen Augenzeugenbericht aus Nürnberg. Er vermerkt allerdings nicht, ob einer der Männer besonders klein war. Wenn wir bei der Annahme bleiben, dass die Knochen zu einer Frau gehören – und ich wiederhole, dass ich nichts gegen diese Annahme habe, ich schenke dem zweiten ärztlichen Gutachten ebenso gerne Glauben wie dem ersten –, wenn wir das also annehmen, dann ist unser Delinquent 1679 gestorben, oder im August 1765 oder am Jahresende 1780. Alles Weitere müssen wir wohl offenlassen.

Warum dieser Mensch sterben musste? Mein Gegner argumentiert mit der Statistik. Über den Sinn von Statistik angesichts der persönlichen Betroffenheit, wenn man vor der Frage von Leben oder Sterben steht, hat Max Frisch in seinem wunderbaren Roman *Homo faber* das Nötige gesagt. Wenn wir uns alle mit einem Achselzucken dareinfänden, ein Fall für die Statistik zu sein, wie sähe unser Leben aus? Aber ich will hier gar nicht gegen die Statistik wettern. Ich möchte nur sagen, dass ich anders an die Sache herangegangen bin, eben nicht von Hinrichtungsstatistiken her, die mir zugegebenermaßen unbekannt sind, sondern ich bin ausgegangen von dem, was ich bei der Grabung vorfand: eine Leiche, die ungewöhnlich bestattet war. Damit meine ich nicht unbedingt den Ort – Leichen an Richtstätten fanden sich wohl des Öfteren –, aber die Lage genau in der Mitte des Kreises. So genau im Übrigen, dass sich die Lendenwirbel auf den Zentimeter im Mittelpunkt des Kreises befanden. Ich sehe den Vertreter der Gegenseite, der doch so gerne Knochen exakt vermisst, lächeln über diese meine vermeintliche Übergenauigkeit. Zufall, würde er sagen. Und dass man den Menschen von früher ein wenig Sinn für Ästhethik zugestehen muss.

Reiner Sinn für Ästhetik, frage nun ich? Der Mensch der Vergangenheit kannte keine abgehobene, sinnleere Ästhetik, wie der Mensch der Moderne sie kennt. Schönheit war für ihn gleichbedeutend mit Wahrheit, mit Sinn. Und die Geometrie war ein Beleg für die göttliche Ordnung. Nichts, absolut nichts geschah bedeutungslos oder nur, weil es hübsch gewesen wäre. Kirchen sind geostet, Tote werden mit dem Gesicht nach Osten gebettet, weil aus dem Osten das Licht kommt, der neue Tag, die Auferstehung und das Leben. Deshalb kann sich die Treppe, die zum Galgen hinaufführt, zu einem Ort der Düsternis und des Todes, nur an der Nordseite des Bauwerks befunden haben; und da fanden wir ihre Spuren auch. Und aus demselben Grund bringt mich ein Leichnam, der so mühevoll in eine Symmetrie eingefügt wurde, auf den naheliegenden Gedanken, dass hier auch im übertragenen Sinne die Symmetrie, die rechte Ordnung nämlich, wiederhergestellt werden musste. Weil sie durch eben diesen Toten verletzt worden war, durch seinen Tod oder durch sein Leben. Dieser Umstand ist mir wichtiger als die Frage, ob er auf einem Schaubrett präsentiert oder in einen Sarg gelegt worden ist.

Ja, ich nehme den Zwischenruf meines Kollegen zur Kenntnis. Vielleicht hat er recht, und es sind zu viele Details, die mir nicht wichtig genug erschienen. Jedenfalls, um als professioneller Archäologe zu gelten. Aber so einer wollte ich ja auch nie sein. Ich bin Kulturhistoriker, ich rekonstruiere die Gedankengänge früherer Menschen. Sie waren von den unseren verschieden. Sie waren nicht materialistisch, nicht wissenschaftlich, nicht rein pragmatisch – jedenfalls nicht auf unsere Weise. Denn auf ihre Art sind der Aberglaube und die Magie durchaus pragmatische Praktiken, die versucht haben, mit bestimmten Handlungen bestimmte Wirkungen zu erzielen. Ich sage ja nicht, dass ich diese Ansichten teile, obwohl sie mich faszinieren, ich behaupte auch nicht, dass sie wirkten. Nur, dass es so geschah.

Wie meint der Kollege? Dass ich mich gerade deshalb selbst strikt an ein streng wissenschaftliches Verfahren halten sollte? Um über jeden Verdacht erhaben zu bleiben? Vielleicht hat er da ebenfalls recht. Vielleicht gebe ich zu sehr den Empfindungen nach, die diese Knochen, diese Stätten in mir auslösen. Andererseits, wenn sie nichts auslösen würden, warum sollte ich mich dann überhaupt mit ihnen befassen, warum sollte irgendwer das tun? Was hätten sie uns sonst zu sagen?

Kehren wir zum Tatort zurück. Die Leiche wurde, behaupte ich, nicht begraben, wie man etwas Schmutziges achtlos verscharrt, sondern absichtsvoll, in einer Weise, die die Ordnung der Welt wiederherstellen sollte. Die Ordnung war also gebrochen worden. Und nicht allein durch die Hinrichtung; um diesen Frevel gegen das Leben wiedergutzumachen, hat man ja schon all die anderen Rituale praktiziert: die Rechtfertigung, das gemeinsame Tun, die Öffentlichkeit, der sichere Abstand zur Gemeinde. Wäre es nur darum gegangen, die Hinrichtung wiedergutzumachen, wir hätten viel mehr Leichen in derartigen Positionen finden müssen. Nein, der wiedergutzumachende Frevel, die Unordnung, die es zu beseitigen galt, muss in der Person des Toten zu finden sein. In seinem Körper, in seiner Tat.

Mein Gegner lacht über den Gedanken eines kleinwüchsigen Hermaphroditen. Ich halte nicht zwingend fest an der These, aber es wäre ein Beispiel. Ein Beispiel für die Störung der göttlichen Ordnung, die verstärkte Maßnahmen erforderlich machte. Ein Kindsmord reicht da nicht aus. Denn es ist ja nicht allein der Ort und die Lage. Kommen wir noch einmal zu den Scherben, nein, werter Kollege, bitte unterbrechen Sie mich nicht. Die Scherben waren da. Wo sie jetzt sind? Ich weiß es leider nicht. Ich war und bin kein Grabungsleiter, ich hatte keine ausgerüstete, gut bezahlte Kampagne anzuführen und war nicht verantwortlich für das, was die Gemeinde nach der Bergung mit meinen Funden unternahm. Ich betone an dieser Stelle auch gerne und ausdrücklich, dass ich nicht glücklich bin mit der Art, wie das Skelett heute in der Ausstellung präsentiert wird. Es ist nicht wissenschaftlich. Wie, Herr Kollege? Ja, »nicht einmal nach meinen Maßstäben«, herzlichen Dank für die Formulierung. Die Scherben also: Sie fanden sich im Bereich der Kehle. Jawohl, der Kehle, da bin ich mir sicher. Sie waren stark verkohlt. Dazu gab es Spuren eines schwärzlichen, klebrigen Materials. All das ist nicht mehr da, ja, es ist weg. Es kann nicht mehr überprüft werden; niemand bedauert das mehr als ich. Denn wie mein Gegner so gerne betont: Ein solcher Fund ist bislang einzigartig.

Sie wollen meine These hören? Ich denke, dass nach dem Tod ein Gefäß im offenen Halsstrunk platziert und mittels seines Inhalts zur Explosion gebracht wurde. Meiner Ansicht nach stellt diese eine Art magische Versiegelung dar. Im weitesten Sinne kann man davon ausgehen, dass damit verhindert werden sollte, dass je wieder Luft in diese Lungen drang oder dass Sprache aus dem Leib hervorklang, der so behandelt wurde. Ja, ich gehe davon aus, dass man damit eine Art von Wiedergängertum verhindern wollte.

Wiedergänger waren etwas damals im Volksglauben weit Verbreitetes; das Motiv fand während der Zeit der Romantik seinen Weg in die Literatur und von da in die moderne Volkskultur, ins Comic, ins Kino, in die Sensationspresse.

Und da dürfen sich die anwesenden Damen und Herren, die so gerne das Wort »Vampir« auf eine Titelseite setzen, gerne angesprochen fühlen. Sie alle haben die dort verbreiteten Bilder vor Augen, wenn ich Wiedergänger sage. Diese Bilder sind oberflächlich, verzerrt und verfälscht, aber sie kommen aus einer alten, gewundenen, vielfach sich wandelnden Tradition. Und noch einmal für die Presse: Ich meine nicht, dass einst Vampire das schöne Roßtal heimsuchten oder es demnächst heimsuchen werden. Dass sich gar am Ende das Skelett aus seiner Glasvitrine erhebt – oh Gott, ich sehe Sie schon wieder mitschreiben. Lassen Sie es sein.

Die Roßtaler von früher hatten Vorstellungen von Gut und Böse. Diese Vorstellungen wurden von einem Individuum verletzt, und dies so stark, dass man dagegen Maßnahmen ergriff, im Leben wie im Tod. Das ist alles, was ich sage.

Wie, Herr Kollege? Die Scherben könnten auch gar nichts mit dem Skelett zu tun haben? Sie könnten früher oder später in den Boden gelangt sein? Als Grabbeigabe? Oder einer der Wächter hat seine Bierkanne liegen lassen. Der Steinkreis wurde nach Aufgabe der Richtstätte vielleicht als Müllhalde benutzt. Oder als Treffpunkt von Jugendlichen für Mutproben verwendet. Interessant, hochinteressant. Leider können Sie genauso wenig wie ich irgendetwas davon belegen. Für Ihre Thesen spricht lediglich was? Die Statistik? Die eigene Langweiligkeit? Das werden wir wohl nicht klären können. Hohes Gericht, ich erwarte Ihr Urteil. Obwohl: Mein Kollege glaubt es bereits zu kennen und hat ja auch schon einen Aufsatz dazu verfasst.

Was mich angeht – es interessiert mich nicht besonders. Ich werde lieber ein Buch über die Sache schreiben.

Der Mensch, dem es zustieß (als Zeugenaussage nicht zugelassen, nach fiktivem Diktat zu den nicht vorhandenen Akten genommen):

Vor einem Gericht stand ich schon einmal. Es bekam mir nicht. Damals gab es nichts, was ich hätte sagen können. Was sage ich heute? Ich bin. *Was* ich bin, verblasst vor diesem Umstand. Ich bin. Noch lebe ich. Ich kann es spüren, in jeder einzelnen Gliedmaße. Mein Brustkorb hebt und senkt sich, wenn ich die Luft einsauge, gegen den Schmerz in den Rippen, gegen den Krampf. Ich atme. Oh Gott, ich atme. Meine Zunge kämpft im trockenen Mund. Galle und Blut, bitterer Schlick, klebrig, stinkend. Kaum, dass ich einen Ton herausbringe. Ein Schluck Wasser? Danke. Ich spüre das heiße Pochen in meinen Daumen, die zerquetscht sind, die Knochen zerschmettert. Ich habe das Knacken noch in den Ohren. Der Schmerz kam ein wenig nach dem Ton, wie der Donner nach dem Blitz, aber er kam. Meine Finger, eben heil, dann die Vorrichtung, das Quietschen der kleinen Winde, der erste Druck. Vergebliches Auffahren. Schweiß auf der Stirn. Das erste Blut perlt, dieser komische, knackende Laut dann, als würde ein riesiger Floh zerquetscht. Es kann doch nicht sein … Obwohl ich es sah: unausdenkbares Entsetzen. Fast bin ich dankbar für die Fesseln, die mir die Finger auf dem Rücken halten, formlose Klumpen, die ich nie wieder verwenden kann. Doch ich habe ohnehin keine Zukunft mehr, in der ich sie verwenden könnte. Nie wieder werde ich etwas ergreifen, es halten, streicheln. Meine Beine werden nie wieder gehen. Sie schleifen mich umher.

Der zweite Grad der Tortur, das waren die Spanischen Stiefel. Ich habe nicht geschrien, als sie sie brachten und anlegten; mein Herz schlug, als wollte es mich zerreißen. Ich habe Luft geholt, viel Luft, so viel Luft, als wollte ich davon zerspringen. Es ging ganz mechanisch. Das Entsetzen zog die Luft in mich hinein. Sie schien nicht mehr aus mir herauszukommen; alles wurde immer härter, unbeweglicher; die Kiefer taten mir auf einmal weh, da merkte ich, dass ich die Zähne zusammenbiss, so fest, fast wären sie mir zersplittert. Ich bemerkte es, als geschähe es jemand anderem. Da waren Menschen im Raum, solche, die Lampen hielten, andere, die dastanden und im Lampenlicht schrieben. Sie schrieben auf, was geschah, warum es geschah, was ich sagte. Redete ich? Ich starrte auf den Stiefel. Sie legten ihn zuerst links an, und ich dachte noch: Gott sei Dank nicht rechts. Was für ein unsinniger Gedanke. Ich hatte das Gleiche bei der Daumenschraube gedacht. Auch da war es Unfug gewesen. Die andere Seite kam auch dran. So ist das immer. Die mäßige Kühle des Metalls auf der Haut, Wade und Schienbein, die Gewinde, die Schrauben. Dann verschwimmt es.

Das hohe Schreien, das muss ich gewesen sein. Ich spür's noch im Hals, der so wund ist. Die Stimme splittert. Wasser, bitte. Sie schrieben, dass ich schrie. Sie waren ganz ruhig und geschäftsmäßig, das half, dass nicht alles zerbrach. Nur ein Knochen. Irgendwann dachte ich: Ich bin so ein Chaos, so jämmerlich und stinkend und schmutzig. Und sie in den Kleidern und Mänteln, mit den Regeln und der Ruhe. Sie haben wohl recht. Das sagte ich dann. Dass sie Recht hatten. Vor mir war die dritte Stufe aufgebaut: der Flaschenzug, um mich an den Armen aufzuhängen, dazu die Ruten. Sie zeigten mir alles ordentlich, das mussten sie, und fragten, ehe sie anfingen, die Kurbel zu drehen, die hinter meinem Rücken meine gefesselten Arme anhob. Erst nur leicht.

Ich wollte nicht hängen, nicht haltlos hängen mit schmutzigen Füßen über der Welt. Teil der Welt wollte ich sein. Mehr wollte ich nie. Ein Teil sein von dem, was da ist. Und alles wäre gut. Ich sagte, was sie hören wollten, stammelte die Details so schnell und laut, wie es ging. Sie schrieben es mit. Und ließen mich runter. Ich spürte die Erde unter den Füßen und hatte meinen Platz gefunden.

Er wird mich das Leben kosten, dieser Platz, aber sie sagen, ich habe eine unsterbliche Seele, die ist gerettet. Davon verstehe ich nichts. Aber es ist mir jetzt recht. Es war entschieden, als sie mich ergriffen. Eigentlich war es schon lange vorher entschieden, mein Leben. Es sollte mir leidtun. Aber ich hab nicht mehr die Kraft. Sie sagen, sie haben für mich gebetet.

Hier, wo ich jetzt stehe, über den Leuten auf dem Mauerring, da kommt mir alles ganz richtig vor. Das Ende von all dem Durcheinander, das das Leben ausgemacht hat und das ich nie verstanden hab, es ist absehbar. Da ist ein Platz für mich. Hier gehöre ich jetzt hin. Es ist alles recht so.

Alle sind gekommen; heut wird mich keiner übersehen. Sie schauen mich auch gar nicht mehr böse an, jetzt, wo ich endlich das Richtige tue und den Weg gehe, der mir bestimmt ist. Sie, ich, der Galgen, das Schwert – alles ist jetzt am richtigen Platz. Wir tun gemeinsam, was getan werden muss.

Gemeinsam. Bei dem Wort muss ich doch fast weinen. Der Scharfrichter spricht. Er sagt seinen Spruch. Sagt, dass er es nicht aus Bosheit tut, sondern für das Recht. Er will mir nichts Böses. Da fließen die Tränen wirklich. Nichts Böses, das ist doch schon beinahe etwas Gutes, nicht wahr? Fast ist es doch Wohlwollen. Oder? So, als ob einen jemand mag. So ähnlich jedenfalls.

Ich ziehe die Nase hoch, zucke mit den Schultern, übers Gesicht wischen kann ich mir leider nicht. Aber ich will es nicht verderben. Ich will meine Rolle gut spielen. So gut ich kann. Wie wir alle. Was haben wir denn sonst? Noch atme ich, noch ein letzter Zug, vielleicht ein Wort, ich weiß nicht ...

RADFAHREN
DER MORDFALL FLOSKY, KAHL AM MAIN 1963

Die Wetterprognose war düster. Ab dem morgigen Sonntag ein Temperatursturz von 13° auf 7°, heftige Regenfälle und erstmals Nachtfrost. Der Herbst stand vor der Tür, wenn auch mit gehöriger Verspätung.

Kriminalinspektor Reger hatte Mühe, sich dem Tempo Manfred Ittners anzupassen, der vor ihm fuhr, und Kriminalobermeister Hundsdorfer, der die Gruppe anführte, lief immer wieder Gefahr, sie weit hinter sich zu lassen. Ittner schlug nämlich ein so gemächliches Tempo an, als wolle er demonstrieren, wie langsam man Fahrrad fahren kann, ohne umzufallen. Für Reger war dies bereits ein halbes Geständnis. Diese Fahrt wird ihn überführen, dachte er, während er im Zeitlupentempo durch den Wald zwischen Kahl am Main und Alzenau radelte. Zudem hatte er für Ittner eine Überraschung vorbereitet, in Gestalt eines älteren Herrn, der sich weisungsgemäß auf den Holzstapel an der Weggabelung gesetzt hatte, der sie sich nun näherten. Ittner musste ihn bereits gesehen haben. Es war derselbe rundliche ältere Herr, der schon vor sechs Wochen dort Rast gemacht hatte, am Tag des Mordes.

Reger beschleunigte und platzierte sich neben Ittner. Er wollte sein Gesicht sehen, wenn er den Mann erblickte, den er am Mordtag gesehen haben musste. Jetzt passierten sie ihn.

»Guten Abend«, grüßte Ittner mechanisch.

»Guten Abend«, grüßte der Rentner zurück.

Reger rief seinem Kollegen zu, er solle mit Ittner vorausfahren, und hielt an.

»Kam Ihnen der Mann bekannt vor, Herr Bock?«

»Ich will nicht beschwören, dass es derselbe war, der am 11. September vorbeigeradelt ist«, sagte Wilhelm Bock zögernd. »Aber er sieht ihm auf jeden Fall ähnlich. Sehr ähnlich.«

»Er hat Sie gegrüßt, als ob er Sie wiedererkennen würde.«

»Das hat er beim ersten Mal ganz genauso gemacht. Wenn's derselbe war.«

»Ist er da genauso langsam gefahren wie jetzt?«

»Naa. Schneller.«

»Wie schnell?«

»Ganz normal halt.«

»Und wie lang sind Sie noch sitzen geblieben, nachdem der Radler vorbei war?«

Bock lachte und streckte beide Arme aus. »Ich trag ja nie eine Uhr. Seit drei Jahren, seit ich in Rente bin, trag ich keine mehr. Ich hab lang genug nach der Uhr gelebt. Na ja, fünf Minuten können's gewesen sein. Und dann hab ich auf dem Heimweg noch den Otto getroffen, also den Herrn Fürst, und hab mich dazugesetzt. Aber das wissen S' ja schon.«

»Das war dann gegen 17 Uhr, wie der Herr Fürst gesagt hat?«

»Wenn der Otto das so gesagt hat, stimmt das schon. Der weiß immer, was die Uhr geschlagen hat.«

Hundsdorfer und Ittner waren noch immer in Blickweite. Wenn man ihnen zusah, konnte man an zwei Blätter beim Fallen denken.

Bock stand auf und zog sich die Schirmmütze tiefer ins Gesicht. »Brauchen S' mich noch? Jetzt wird's nämlich allmählich frisch!«

»Danke, Herr Bock. Sie haben uns sehr geholfen. Wir melden uns, wenn wir noch Fragen haben.«

Die tief stehende Sonne sandte ihr Licht wie einen letzten Abschiedsgruß des Sommers in den Kiefernwald, und der Herbst schickte sich an, in Hosenbeine und Jackenärmel zu kriechen. Reger trat in die Pedale. Dort, wo der nordwärts führende Forstweg auf die schmale, schnurgerade Straße von Emmerichshofen nach Alzenau traf, holte er das Duo ein.

»Stop!«, befahl er. »Herr Ittner, ich habe ein paar Fragen an Sie. – Sie haben den Mann auf dem Holzstapel gegrüßt. Kennen Sie ihn?«

Ittner hielt die Lenkstange seines Fahrrads umklammert und senkte den Blick. Reger wartete. Irgendwo rätschte ein Eichelhäher.

»Sie haben den Mann schon einmal gesehen, an genau derselben Stelle. Und zwar am 11. September. Er erinnert sich noch gut an Sie. An dem Tag sind Sie nicht so langsam gefahren wie heute. Warum?«

Ittners rechte Hand fuhr am Lenkergriff auf und ab, als handle es sich um den Gasgriff eines Mopeds.

»Ich werde es Ihnen sagen: Sie wollten weg vom Tatort. Sie wollten weg von der Stelle, an der Sie Maria Flosky erdrosselt haben.«

Ittner schwieg noch immer und spielte mit der Bremse.

»Der Mann weiß auch, um welche Uhrzeit Sie an ihm vorübergefahren sind. Nämlich um 16 Uhr 30. Sie sind also nicht, wie Sie ursprünglich angegeben haben, vom Kiosk am Campingplatz direkt nach Hause gefahren, sondern in den Wald. Nachdem Sie Maria Flosky getötet haben, sind Sie auf dieser Strecke durch den Wald nach Norden geflüchtet, sind hier nach Emmerichshofen abgebogen und über die Bundesstraße nach Kahl zurückgefahren. So war es doch. Oder?«

Reger hätte dem Mann gern in die Augen gesehen. Der aber starrte noch immer den Asphalt an und knetete am Fahrradlenker herum.

Kriminalobermeister Hundsdorfer aus Aschaffenburg blieb stumm neben ihnen stehen. Die Dienststelle, der er angehörte, hatte sich im Mordfall Flosky wahrlich nicht mit Ruhm bekleckert. Die Kollegen Röder und Kurz, die am späten Nachmittag des 11. September am Fundort der Leiche erschienen waren, im

Waldgebiet östlich des Campingplatzes am Kahler See, hatten nicht einmal ein Fremdverschulden festgestellt. Stattdessen hatten sie dankbar die Äußerung des Campingplatzwarts aufgegriffen, die ältere Dame, die schon seit Jahren zu seinen Stammgästen zähle, sei herzkrank gewesen. Das fest um den Hals gewickelte Tuch erklärten sie sich damit, dass sie wohl versucht habe, sich bei ihrem Herzanfall Luft zu verschaffen, und in ihrer Panik das Tuch noch fester zugezogen habe. Auch dem hochgeschobenen Kleid maßen sie keine Bedeutung bei – »kann verrutscht sein, als sie zu Boden fiel«.

Anderntags dann zeigten sich bei der gerichtsmedizinischen Untersuchung Blutaustritte am Kehlkopf, und auch ein gebrochenes Zungenbein wurde diagnostiziert, alles Hinweise darauf, dass die Frau erdrosselt worden war. Anlass für Staatsanwalt Friedrich Platen, nach Vorlage des Berichts wutentbrannt beim LKA in München anzurufen und die Hilfe versierter Ermittler anzufordern. Kriminalinspektor Ernst Reger neigte nicht zu Aberglauben, aber dass der Anruf aus Aschaffenburg bei der Münchner Mordkommission, der ihm das freie Wochenende ruinierte, auf einen Freitag, den 13. fiel, passte zum Datum ganz großartig. Immerhin, sein Koffer war zufällig schon gepackt gewesen – allerdings nicht, um mit zwei Kollegen an einen Ort mit dem wenig verlockenden Namen Kahl im äußersten Nordwestzipfel Bayerns zu fahren, sondern um mit seiner Frau ein Wochenende in den Bergen zu verbringen.

»Ihr müsst um jeden Preis vermeiden, die örtlichen Kollegen vor den Kopf zu stoßen«, hatte der Marschbefehl gelautet. »Die haben sich zwar selten dämlich angestellt, aber wenigstens kennen sie die Gegend und die Leute. Also lasst sie nicht außen vor, sondern bezieht sie mit ein.«

Nicht nur deswegen war es eine heikle Mission. Klar war nämlich auch, dass ein Erfolg mitgebracht werden musste. Dass also er,

Reger, gemeinsam mit Kohr und dem Assistenten Austerlitz, nicht nur den kleinen Jungs auf dem Bolzplatz würde zeigen müssen, wie eine siegreiche Bundesligamannschaft spielt, und zwar ohne sie zu entmutigen oder als Besserwisser aufzutreten, sondern dass er unter dem Erwartungsdruck stand, im Falle eines Misserfolgs vom Platz gepfiffen zu werden.

Gleich nach ihrer Ankunft am Samstag hatten sie sich den Fundort der Leiche zeigen lassen, der nach allen bisherigen Erkenntnissen auch der Tatort war. Als Maria Flosky etwa um 16 Uhr 15 von einer Lena Vogt, die nach ihrer Schicht in der Wellpappenfabrik Alzenau Reisig sammelte, aufgefunden worden war, hatte sie noch letzte schwache Lebenszeichen von sich gegeben; die Tat musste also kurz zuvor begangen worden sein. Erst als Frau Vogt nach wenigen Minuten mit dem Campingplatzwart Kowalski, den sie um Hilfe geholt hatte, wieder zurückkehrte, war Maria Flosky tot.

Kohr hatte als Erstes, gemeinsam mit Austerlitz, quadratmeterweise die Erde am Tatort und rundherum abgetragen. Dabei wurde eine abgerissene Perlenkette zutage gefördert. Reger wiederum hatte die Angehörigen der Toten, eine Spediteursfamilie aus Frankfurt, darüber in Kenntnis gesetzt, dass es sich mutmaßlich um Tod durch Fremdverschulden handele, und darum gebeten, Nachuntersuchungen an der bereits aufgebahrten Leiche vornehmen zu dürfen.

»Was wollen Sie denn an der toten Frau noch finden?«, fragte Röder behäbig, als das Telefonat beendet war.

Damit drückte er, wenn auch ungewollt, ziemlich genau aus, was bei der bayerischen Landpolizei im Argen lag. Ebenso gut, dachte Reger in jenem Moment grimmig, hätte man Beamte der Bundespost mit Mordermittlungen beauftragen können. Erschwerend hinzu kam, dass die überforderte Landpolizei so gut wie nie beim Landeskriminalamt um Hilfe ersuchte; dies wäre einem Eingeständnis der eigenen Unfähigkeit gleichgekommen.

»Wir werden Klebebandabzüge von den Handflächen und Fingern anfertigen.«

»Die Leiche ist doch schon längst gewaschen worden.«

»Richtig. Deshalb wäre es ja Ihre Aufgabe gewesen, noch am Fundort der Leiche etwaige Spuren von den Händen abzunehmen«, sagte Reger, nach Kräften bemüht, die Rolle des geduldigen Nachhilfelehrers zu spielen, mochte der Schüler auch schon gut und gern zwanzig Jahre älter sein als er selbst. »Aber wir wollen nichts unversucht lassen. Schauen Sie, vielleicht haben wir ja Glück, und an den Händen wurde nicht so sorgfältig gearbeitet.«

»Und was für Spuren sollen da noch sein?«

Reger holte tief Luft. *Ein paar Haare vom Eichhörnchen, das Frau Flosky beim Pilzesammeln gestreichelt hat*, lag ihm auf der Zunge, aber womöglich hätte Röder ihm das sogar geglaubt.

»Es ist ziemlich sicher zu einem Kampf gekommen. Darauf deutet die zerrissene Perlenkette hin, die wir gefunden haben. Frau Flosky kann bei dem Versuch, sich zu wehren, den Täter gekratzt haben, dann würden wir Blutspuren unter ihren Nägeln finden. Oder sie hat sich an seinem Hemd oder seiner Jacke festgekrallt. Da bleiben normalerweise feine Faserspuren zurück, die wir im Labor in München mit Faserproben aus der Kleidung von Tatverdächtigen unter dem Mikroskop abgleichen können.«

Die Sache hatte nur einen Haken: Das Münchner Labor beschäftigte sage und schreibe zwei Wissenschaftler, den Biologen Dr. Böhm und den Serologen Dr. Ludwig, die mittlerweile über eintausend Untersuchungsaufträge pro Jahr abzuarbeiten hatten – und ihre Analysearbeit liegen lassen mussten, wann immer sie zu einem Tatort oder einem Gerichtstermin beordert wurden. Auch sie fuhren also ihr Fahrrad im Spaziergängertempo, wenn auch notgedrungen. Und deshalb befand sich Reger am Samstag, dem 26. Oktober, sechseinhalb Wochen nach der Tat, noch immer in Bayerns Nordwestzipfel und absolvierte diese seltsame Radtour mit

Kriminalobermeister Hundsdorfer und dem dringend tatverdächtigen Manfred Ittner, der noch immer den Fahrradlenker umklammert hielt und den rissigen Asphalt betrachtete.

»Ich habe nicht die ganze Wahrheit gesagt«, sprudelte Ittner jetzt unvermittelt hervor. »Ich bin vom *Kiosk Krämer* tatsächlich nicht direkt heimgefahren. Weil's so ein schöner Tag war, hab ich noch Lust gehabt zum Radfahren. Und da hab ich mir gedacht, ich fahr noch einmal am Campingplatz entlang. Vielleicht seh ich dann diese Blonde noch einmal, hab ich gedacht. Die mit den großen Brüsten. Sie wissen schon. Das hab ich Ihnen doch schon gesagt.«

Das stimmte. In seiner Wohnung hatte er es erzählt, als Reger ihn zum ersten Mal aufgesucht hatte. In der dämmrigen, beengten Zweizimmerwohnung, in der er mit seiner zweiten Frau und seiner Stieftochter lebte. Keinen Schritt und keinen Handgriff konnte man dort tun, ohne zuvor etwas aus dem Weg zu räumen, keines der beiden Zimmer schien eine feste Funktion zu erfüllen. Hier eine Kochnische, dort ein Nähtisch, da der Laufstall, ein Kinderbett, ein Sofa mit zerwühltem Bettzeug, ein unabgeräumter Esstisch, ein paar Bauklötze und leere Bierflaschen auf dem Boden, ein Stapel Illustrierte auf einem Stuhl, Schnittmusterbögen auf einem anderen. Eine Wohnung, die nicht einlud, sondern zur Flucht antrieb – hinaus zum See, zum Campingplatz, in den Wald, zum *Kiosk Krämer*. Auch dort übrigens hatte Ittner an jenem 11. September beim Bier ungeniert verkündet, was für eine scharfe Blondine er am Badeufer erspäht habe.

»Also bin ich da noch einmal hin und hab mich umgeschaut. Aber die ist nicht mehr da gewesen. Dann bin ich halt weitergefahren. Ich bin auch bei dem alten Mann vorbeigekommen. Aber da, wo wir losgefahren sind, wo die tote Frau gelegen ist, da bin ich nicht gewesen!«

Zum ersten Mal blickte Ittner auf. Reger las Angst in seinen Augen.

»Ich – ich – ich wollte nichts davon sagen, weil, sonst hätte doch jeder gleich gedacht, ich war's – und ich war doch schon einmal im Knast. Da will ich nie wieder hin! Deshalb war ich das auch nicht! Ich hab die Frau nie gesehen!«

Eigentlich hatte Reger darauf gesetzt, dass das Déjà-vu mit dem Rentner Bock am Holzstapel Ittner so sehr verstören würde, dass man ihn knacken könnte. Und nun musste er sich dagegen wehren, Mitleid mit dem Mann zu empfinden. Ein Blick auf Hundsdorfer sagte ihm, dass es dem genauso ging. Wenn Ittner es nun wirklich nicht war? Wenn ihn die zwei Monate im Gefängnis wirklich zur Einsicht gebracht hatten? Nicht auszudenken, was für Häme seitens der Aschaffenburger Kollegen ihm ein Fehlgriff einbringen würde.

»Gut, Herr Ittner. Wir fahren jetzt zurück zum Kiosk, und dann zeigen Sie uns den Weg, den Sie von dort genommen haben.« Er blickte auf die Uhr. Es war kurz nach 16 Uhr. In einer Stunde würde die Dämmerung einsetzen. »Los geht's!«

*

Die hoffnungslose Unterbesetzung des Münchner Labors war nicht der einzige Bremsklotz im Fall Flosky. Als Reger und Kohr am Montag, dem 16. September 1963, routinemäßig sämtliche Kriminaldienststellen in Bayern und Hessen mit der Bitte um sachdienliche Hinweise verständigten, ging zu ihrer Überraschung ein Fernschreiben aus Bayreuth ein: Am 10. September sei eine Frau im Hofgarten erdrosselt worden, ebenfalls mit einem Halstuch. Kohr wurde daraufhin nach Bayreuth abgezogen, und Reger musste allein die Leitung übernehmen. Bald sah er sich zudem damit konfrontiert, dass der hiesige Menschenschlag ungewöhnlich sperrig war – sperriger jedenfalls, als er es bislang erlebt hatte. Er war sich mit seinem Kollegen Martin Kohr schnell darüber einig gewesen, dass sie den mutmaßlichen Fluchtweg des Täters eingrenzen mussten. Bestimmt waren an jenem sonnigen Mittwochnachmittag, an dem der Mord geschehen war, einige Spaziergänger in dem Kiefernwald unterwegs gewesen; hinzu kam, dass nach Feierabend auf den Waldwirtschaftswegen zwischen Kahl und Alzenau ein gewisser Pendlerverkehr herrschte. Es war davon auszugehen, dass der Täter einen Weg gewählt hatte, auf dem er so wenig Menschen wie möglich begegnete. Also ließ Reger eine vergrößerte Karte des Waldstücks im Rathaus auslegen und per Zeitung und per Lautsprecherwagen jeden, der am fraglichen Nachmittag den Wald durchquert hatte, dazu aufrufen, seinen Weg einzuzeichnen und etwaige Beobachtungen zu melden. Nach zähen zwei Wochen waren gerade einmal zwanzig Bewegungsprofile zusammengekommen; zwei von ihnen nur durch die Meldung einer Grundschullehrerin, dass zwei Jungen ihrer Klasse in einem Aufsatz mit dem Thema »Ein merkwürdiges Erlebnis« über Hilferufe im Wald geschrieben hatten. Niemand aber wollte eine verdächtige Person gesehen haben. Immerhin ergab sich aus den eingezeichneten Wegen, die allesamt in Ost-West-Richtung verliefen, dass der Täter nur nordwärts die Möglichkeit gehabt hatte, ungesehen zu entkommen. Doch der einzige Zeuge, der einen Mann in diese Richtung hatte radeln sehen, der Rentner Wilhelm Bock, gab an, dies sei um 15 Uhr 30 gewesen, mithin eine Dreiviertelstunde *vor* der Tat.

Dann das gelb-grün gemusterte Halstuch: Niemand der Angehörigen hatte es als Maria Floskys Eigentum identifizieren können; es musste also dem Täter gehören. Reger ließ es im Rathaus ausstellen und rief dazu auf, jeder möge es in Augenschein nehmen, und wer es erkenne und einer Person zuordnen könne, solle eine Aussage machen. Es waren kaum mehr als ein Dutzend Leute, die dem Aufruf folgten; keiner von ihnen konnte einen Hinweis geben.

Aus München waren unterdessen die ersten Ergebnisse der Klebebandanalysen gekommen. Sie besagten, dass an Frau Floskys

Handflächen tatsächlich Fasern gehaftet hatten, die nicht von ihrer eigenen Kleidung stammten. Es handelte sich, laut Fernschreiben, um eine grau-grüne Textilfaser, mutmaßlich aus einer Hose. Es konnte gut die Hose ihres Angreifers sein. Doch wurde einschränkend konstatiert, dass es sich um eine relativ häufig vorkommende Faser handele, sodass diese Spur wenig vielversprechend war.

Reger ließ seine Landpolizeibeamten in alle Ausflugslokale der näheren und ferneren Umgebung ausschwärmen, um das Personal nach auffälligen Gästen zu befragen. Am Nachmittag des 24. September schließlich erschien der junge Kriminalmeister Richard Fleck bei Reger.

»Ich glaub, ich hab da was, Chef. Am 11. September ist ein Radfahrer in der *Forelle* eingekehrt. Soll ein bisschen ein komischer Typ sein. Kommt immer allein. Beim Personal hat er den Spitznamen Mecki. Wegen seiner Frisur. Aber eigentlich heißt er Manfred und lässt sich Manni nennen. Und ...«

Reger unterbrach. »Wieso wissen die noch so genau, dass er am Mittwoch vor zwei Wochen da war?«

»Das hab ich auch gefragt. Da hatten sie eine Geburtstagsfeier im Lokal, und der Manni hat sich beschwert, weil er so lang auf sein Bier warten musste.«

»Gibt's eine brauchbare Beschreibung?«

»Um die dreißig Jahre alt, schiefe Zähne und ein paar Zahnlücken, ungefähr eins siebzig groß, schmächtig, und die Haare, na ja, halt wie Mecki. Der *Forellen*-Pächter glaubt, dass er in Kahl wohnt.«

»Den müssen wir uns näher anschauen. Ihr klappert heute noch alle Kneipen in Kahl ab, sind ja nicht allzu viele, und fragt nach diesem Manni. Wenn nichts dabei rauskommt, dann auch in Alzenau, und die hessischen Kollegen sollen in Großkrotzenburg rumfragen. Alles klar?«

*

Es war ein ungewöhnlich langer Sommer gewesen. Und nun, an seinem letzten Tag, fühlte es sich so an, als müsste Reger ihn mitsamt seinen unseligen Ereignissen zurückholen – war das nicht vergeblich angesichts des Herbstes, der den Sommer morgen endgültig niederringen würde?

Die Kofferradios, aus denen die Fußballspiele und Schlager geplärrt hatten, *Junge, komm bald wieder, Schuld war nur der Bossa Nova,* waren längst verstummt, die Wohnwagen und Zelte vom Campingplatz verschwunden. Der Kiosk, an dem sie jetzt standen, hatte seine Rollläden geschlossen, die Ahoj-Brause war ausgetrunken, und in zwei Monaten würde man Weihnachten feiern.

Reger sah auf die Uhr. 16 Uhr 25. »Fahren wir!«

Das Trio setzte sich in Bewegung. Hundsdorfer vorne, Reger am Schluss, Ittner in der Mitte. Erneut schlug der Verdächtige ein Tempo an, das eher befürchten ließ, er könnte umfallen, als dass er einen Fluchtversuch im Sinn hätte, und fuhr vom Kiosk aus, nachdem sie den Campingplatz an seiner Südseite passiert hatten, weiter geradeaus nach Osten, anstatt nach links abzubiegen.

*

Als sie diesen Hinweis erst einmal hatten, war der Manfred mit dem Meckischnitt erstaunlich schnell aufgestöbert. Bereits im Kahler Bahnhofslokal wurden sie fündig. Dort pflegte er bei schlechtem Wetter sein Feierabendbier zu trinken, wenn er von der Schicht bei Allstahl in Dörnigheim zurückkam, wo er als Maschinenschlosser arbeitete. »Manfred Ittner heißt er. Wohnt gleich da drüben, in der Querstraße. Keine fünf Minuten von hier.« Alles, was über ihn ans Tageslicht kam, passte perfekt ins Bild, das sie sich von der Tat gemacht hatten. Er galt zwar als eher introvertiert, neigte aber zu

Trunksucht und jähen Tobsuchtsausbrüchen. Er hatte weder unter Kollegen noch im Bahnhofslokal einen Hehl daraus gemacht, dass er immer wieder gern am Campingplatz herumlungerte, um Frauen beim Umkleiden zu beobachten. Erst im Frühjahr hatte er eine zweimonatige Haftstrafe wegen unzüchtiger Handlungen an seiner dreijährigen Stieftochter verbüßt. In den ersten beiden Septemberwochen hatte er sich krankschreiben lassen, vorgeblich wegen Magenbeschwerden, war aber gleichwohl fröhlich mit seinem Fahrrad in der Gegend herumgefahren. Zudem entstand bereits bei den ersten Befragungen eine Zeitlücke. Ittners Frau gab an, er sei am 11. September um 17 Uhr 30 nach Hause gekommen. Ittner selbst wollte schon um Viertel nach drei zu Hause gewesen sein. Er sei bei seinen Pflegeeltern gewesen, die in der Prischoss, einer kleinen Siedlung zwischen Kahl und Alzenau, ein Gartenhaus hätten. Dort habe er bis 15 Uhr beim Streichen geholfen und sei dann nach Hause gefahren.

»Wie lang fährt man von der Prischoss zu Ihnen nach Hause?«
»Weiß nicht – vielleicht fünfzehn, zwanzig Minuten.«
»Ihre Frau gibt an, Sie seien erst gegen halb sechs heimgekommen.«

Falls Ittner überrascht war, verbarg er es gut. »Ach so, ja. Hab ich ganz vergessen. Ich hab vorher noch beim Campingplatz vorbeigeschaut.« Er verzog seinen Mund zu einem Von-Mann-zu-Mann-Grinsen. »Da kenn ich nämlich eine Stelle, wo man einen guten Blick hat auf die Weiber. Wenn sie sich umziehen. Und dann hab ich noch beim *Kiosk Krämer* ein Bier getrunken.«

Damit begann die lange Geschichte der Faseruntersuchungen. Reger fragte Ittner nach der Kleidung, die er am 11. September getragen habe.

»Die Hose weiß ich noch. Das ist die hier. Da ist nämlich Farbe draufgekommen, und wir haben versucht, sie mit Terpentin wieder sauber zu kriegen. Riecht man noch. Aber was ich sonst noch getragen habe, weiß ich nicht mehr.«

Die Hose wurde am 29. September nach München gesandt, mitsamt dem Halstuch. Befund eine Woche später: negativ.

Dann ein überraschender Anruf aus dem Gerichtsmedizinischen Institut Würzburg. Man habe soeben festgestellt, dass noch die abgeschnittenen Fingernägel des Opfers vorhanden seien – ob sie noch für Untersuchungen gebraucht würden?

»Himmelherrgott, ja, natürlich!« Reger ließ es sich nicht nehmen, die Fingernägel persönlich in Würzburg abzuholen und ins Münchner Labor zu bringen. Der Arbeitsraum von Dr. Böhm ähnelte in gewisser Weise der Wohnung, in der Manfred Ittner mit seiner Frau und Stieftochter hauste – mit dem Unterschied, dass das beengende Durcheinander aus Messapparaturen, Glasbehältern sowie einem Wust unausgepackter Kartons bestand, die jede freie Ecke füllten, als stünde das Labor kurz vor einem Umzug. Reger stellte seine Frage trotzdem.

»Entschuldigen Sie, Herr Dr. Böhm, aber es brennt wirklich. Meinen Sie, es wäre möglich, dass wir bis morgen ein Ergebnis haben?«

Böhm lachte kurz auf, nahm seine Hornbrille ab und rieb sich die Augen. »Heute waren schon drei Kollegen von Ihnen da, und alle haben die gleiche Frage gestellt. Tut mir leid. Morgen Vormittag habe ich erst einmal einen Termin bei Gericht, um die Frei'sche Methodik der Faseranalyse zu erläutern. Und dann sind die dringenden Fälle von letzter Woche dran.« Er fuhr sich durch die Haare, die wirr nach allen Seiten hingen. »Und dass ich schon seit mindestens zwei Wochen dringend zum Friseur müsste, sehen Sie ja wohl selber. Vielleicht schaff ich das morgen noch vorm Gerichtstermin. – Aber ich werde zusehen, dass Sie bis nächste Woche Bescheid bekommen.« Er nahm das Plastiktütchen, ließ es in einer unbeschrifteten Pappschachtel verschwinden und gab erneut ein kurzes Gelächter von sich, als hätte er einen Witz gemacht. »Keine Sorge. Ich weiß genau, was wo liegt.«

Wie sich zeigte, bargen die Fingernägel von Maria Flosky reichhaltiges Material. Wann immer Reger im Laufe des Oktober im Labor anrief, bekam er negative Bescheide – »bislang konnten nur Fasern ermittelt werden, die von der Kleidung des Opfers stammen«.

Schließlich am Spätnachmittag des 18. Oktober ein Lichtblick: Es sei eine blauviolette Hemdenfaser gefunden worden, meldete Böhm per Fernschreiben, die eindeutig nicht mit Maria Floskys Kleidung übereinstimme.

Reger schickte Hundsdorfer und Austerlitz zu Ittners Wohnung. »Und wenn ihr nicht sicher seid, welches Hemd es sein könnte, dann nehmt ihr gefälligst *alle* seine Hemden mit!«

Sie kamen mit dreiundzwanzig sichergestellten Hemden wieder. »Sollen die wirklich alle nach München?«

»Ganz richtig. Und wenn's bis Weihnachten dauert, bis die alle durchhaben. Habt ihr auch das Hemd dabei, das Ittner heute trägt?«

»Der war gar nicht da. Aber seine Frau hat uns glaubhaft versichert, dass sie das Hemd, das er heute anhat, erst nach dem 11. September gekauft haben.«

*

Jetzt endlich bog Ittner nach links ab. Den Tatort hatten sie weit hinter sich gelassen. Reger kannte das Waldstück mitsamt seinem Wegenetz mittlerweile in- und auswendig, kannte alle Distanzen, wusste, wie lang man braucht, um zu Fuß oder auf dem Fahrrad von da nach dort zu gelangen, von Schloss Emmerichshofen in die Prischoss, vom *Kiosk Krämer* zum Holzstapel an der Weggabelung, von der Wellpappenfabrik Alzenau zum Campingplatz. Wenn Ittner dieses Tempo beibehielt und keine Überraschung mehr bereithatte, sondern den Weg über die Ortsverbindungsstraße nehmen würde, träfen sie zirka 17 Uhr 10 bei seiner Wohnung ein. Mithin immer noch viel zu früh. Die Lücke in Ittners Zeitangaben, den Nachmittag des 11. September betreffend, würde offen bleiben. Und tatsächlich langten sie nur wenige Minuten nach fünf bei seinem Zuhause an.

Reger sah auf seine Uhr.

»Knapp fünfundvierzig Minuten«, konstatierte er. »Das heißt, wenn Sie am 11. September um 15 Uhr 50 vom *Kiosk Krämer* aufgebrochen sind, hätten Sie um 16 Uhr 35 zu Hause sein müssen, nicht erst um 17 Uhr 30, wie Ihre Frau angegeben hat. Haben Sie dafür eine Erklärung?«

Es war nicht zu unterscheiden, ob Ittner nachdachte oder einfach nur stumpf vor sich hin starrte. Schließlich sagte er: »Ich habe mich geirrt. Ich bin an dem Tag einen anderen Weg gefahren. Ich bin im September viel durch die Gegend geradelt. Aber jetzt weiß ich wieder, welchen Weg ich an dem Tag genommen habe.«

»Gut«, sagte Reger ungerührt, »dann zeigen Sie uns eben noch einmal, wie Sie gefahren sind.«

Ittner hielt die Lenkstange fest und spielte mit dem Bremsgriff. Ebenso gut hätte er inmitten einer Gruppe von Freunden stehen können, die darüber beratschlagt, wo man den heutigen Abend verbringen könnte.

»Jetzt?«

»Jetzt. Das schaffen wir noch, bevor es dunkel wird.«

»Mir wird aber kalt.«

»Holen Sie sich eine Jacke aus der Wohnung.« Er nickte Hundsdorfer zu. »Der Kollege geht mit.«

Dann drehten sie eben noch eine Wiederholungsschleife. Reger hatte ohnehin den Eindruck, als bestünde der ganze Fall aus

Wiederholungsschleifen. Erst gestern hatte er wieder eine gedreht, und zwar durch sämtliche Protokolle, in denen festgehalten war, wer sich am Nachmittag des 11. September um welche Uhrzeit in welcher Richtung durch den Kiefernwald bewegt hatte. Dabei war er auf eine Ungereimtheit gestoßen, die bislang noch keinem aufgefallen war. Der Rentner Wilhelm Bock hatte angegeben, der Radfahrer sei etwa um 15 Uhr 30 an ihm vorbeigefahren, als er auf dem Holzstapel Rast machte, und kurz danach habe er sich auf den Heimweg gemacht. Der Rentner Otto Fürst wiederum hatte protokollieren lassen, er habe sich auf einer Ruhebank am südlichen Ende des Kiefernwaldes befunden, als kurz vor 17 Uhr sein Freund Bock dazugestoßen sei. Für den Weg vom Holzstapel bis zur fraglichen Ruhebank indes würde nicht einmal ein Gehbehinderter eineinhalb Stunden brauchen – selbst in gemächlichem Spaziergängertempo war dies ein Weg von maximal dreißig Minuten. Aber war es wirklich möglich, dass Bock sich um eine ganze Stunde vertan hatte? Reger suchte ihn auf.

»Sie haben ganz recht, Herr Inspektor«, sagte Bock. »Da bin ich mit dem Otto auch schon draufgekommen. Weil er ja an dem Tag das Radiowunschkonzert hören wollte, hat er noch auf die Uhr geschaut und gesagt, dass er jetzt heimwill.«

Reger traute seinen Ohren nicht. »Und da haben Sie uns nicht noch einmal Bescheid gesagt?«

Bock lächelte ihn an, als habe er eines seiner Enkelkinder vor sich. »Der Otto hat auch gesagt, da musst noch einmal hingehen und Bescheid sagen. Aber man kommt ja zu nix … die Frau hat gesagt, dass wir endlich einmal den Schuppen aufräumen müssen … und dann war meine Schwägerin eine Woche zu Besuch … na ja, und dann hab ich's wieder vergessen. So eine Stunde hin oder her, hab ich gedacht, wird schon nicht so wichtig sein.«

Da wussten mittlerweile zwei ganze Kleinstädte genau darüber Bescheid, dass um 16 Uhr 15 ein Mord begangen worden war und ein Tatverdächtiger gesucht wurde, der sich nach diesem Zeitpunkt vom Tatort entfernt hatte – und vor ihm stand der einzige Zeuge, der jemanden gesehen hatte, und glaubte, es sei alles nicht so wichtig.

In Reger entstand blitzartig ein Plan. »Können Sie morgen Nachmittag noch einmal zu diesem Holzstapel gehen und dort auf uns warten?«

»Freilich. Morgen wird der letzte schöne Tag, da wollte ich sowieso einen Spaziergang machen.«

»Sehr gut. Können Sie um 15 Uhr dort sein? – Oder nein, ich denke, es ist besser, wir holen Sie ab und bringen Sie hin. Spazieren gehen können Sie danach immer noch.«

Als Reger wieder in sein Büro in Alzenau zurückkehrte, fand er ein Fernschreiben vor.

»Es wurde an der linken Handfläche der Maria Flosky eine graugrüne Faser gefunden, die identisch ist mit der Faser der Hose des Tatverdächtigen Ittner, die uns am 2. Oktober zur Untersuchung überbracht wurde«, las er. Offenbar war heute sein Glückstag. Der Wermutstropfen wurde allerdings gleich nachgeliefert: »Es muss jedoch nach wie vor einschränkend angemerkt werden, dass es sich um einen sehr häufig vorkommenden Fasertyp handelt.«

Aber besser als nichts. Am nächsten Tag würde er Ittner noch einmal zu einer kleinen Fahrradtour abholen. Mit zwei Trümpfen im Ärmel.

*

Wiederum schlug Ittner, nachdem sie ein Stück des Campingplatzes passiert hatten, den Weg nach Osten ein, behielt die Richtung jedoch länger bei als bei der vorherigen Fahrt. Die Sonne warf den drei Männern Schatten voraus, die nach trunken taumelnden Riesen aussahen. Schließlich nahm Ittner die letztmögliche

Abzweigung nach links auf einen Weg, der etwa einen Kilometer lang parallel zur Kahlgrundbahn nach Nordosten verlief. Vom Haltepunkt Kopp/Heide löste sich mit einem Pfiff der Triebwagen in Richtung Alzenau und rumpelte jenseits des Waldstücks rechts von ihnen gemächlich vorbei. Dann knickte ihr Weg erneut nach links ab und entfernte sich von der Bahnstrecke. Man konnte noch hören, wie der Triebwagen am nächsten Haltepunkt quietschend zum Stehen kam und nach einer Weile abermals einen Pfiff in den Wald sandte, ehe sich sein rumorender Dieselmotor in der Ferne verlor. Entlang der Bahn gab es Orte, die Mömbris, Mensengesäß oder Schimborn hießen – Namen allesamt, die in Reger das Gefühl wachriefen, sich zwar nicht gerade im Ausland, aber doch in einer Gegend zu befinden, die seiner Heimat sehr fremd war. Einmal war er, um sich abzulenken, die zwanzig Kilometer lange Strecke bis zur Endstation Schöllkrippen gefahren, auch dies ein Ortsname, der ihn anmutete, als befände er sich in einem verwunschenen Zwergenreich.

Sie trafen nun wieder, ein Stück weiter östlich, auf die Ortsverbindungsstraße, die von Alzenau nach Schloss Emmerichshofen führte, folgten ihrem Lauf, den blendenden Sonnenstrahlen entgegen, und bogen dann, wie schon zuvor, auf die Bundesstraße nach Kahl ab. Als sie an Ittners Wohnung anlangten, zeigte sich, dass er nicht mehr als zehn Minuten gewonnen hatte und somit noch immer eine Erklärung für eine Dreiviertelstunde schuldig blieb.

Reger ließ einen Wagen kommen.

»Wir werden uns jetzt in der Polizeiinspektion in Alzenau noch eine Weile unterhalten, Herr Ittner. Steigen Sie ein.«

Sie fuhren einer unheilschwangeren dunklen Wolkenformation entgegen, die sich wie eine feindliche Armee über dem Spessart versammelt hatte und auf den passenden Zeitpunkt lauerte, um über den Kahlgrund herzufallen.

»Es gibt immer noch keine Erklärung für die fehlende Dreiviertelstunde. Was haben Sie so lang im Wald gemacht? Wo sind Sie gewesen?«

Über eine Stunde lang stellte Reger in Variationen dieselbe Frage. Ittner blieb dabei: Er sei niemals am Tatort gewesen. Er sei auf dem Weg, den sie eben zurückgelegt hätten, nach Norden gefahren. Und was die fehlende Zeit betreffe – »mein Gott, vielleicht hab ich zum Pinkeln angehalten. Hab schließlich ein Bier getrunken am Kiosk. Können auch zwei Bier gewesen sein. Und außerdem schau ich mir gern Blumen an. Oder ich hab einfach zwischendurch mal eine Pause gemacht. Schließlich war ich krankgeschrieben, da wollte ich mich schonen!«

Als Reger ihm eröffnete, dass Fasern von seiner Gabardinehose am Mordopfer gefunden worden seien, reagierte er, als hätte er das Fernschreiben aus München gelesen.

»Solche Hosen gibt's doch jede Menge! Ich hab zwei Arbeitskollegen, die haben sich genau so eine graue Hose gekauft, und wer weiß, wie viel Leute sonst noch. Und die Frau da hat bestimmt auch ein paar Leute gekannt, die so eine Hose tragen. Das kann bloß ein ganz komischer Zufall sein!«

Wenn gar nichts mehr geht, such das persönliche Gespräch. Das hatte Reger oft von den alten Hasen gehört, aber bislang selten angewandt. Meist war er auf direktem Weg ans Ziel gekommen. Er stand auf, ging zum Lichtschalter und knipste die Leuchtstoffröhre an der Decke aus. Nun brannte nur noch seine Schreibtischlampe. Die ersten Regentropfen klopften an die Fenster.

»Sagen Sie, Herr Ittner – Sie sind bei einer Pflegefamilie aufgewachsen. Was war denn eigentlich mit Ihren Eltern?«

Ittner starrte ihn fassungslos an. »Bitte?«

»Sie haben schon richtig gehört. Warum sind Sie zu einer Pflegefamilie gekommen?«

»Meine Mutter hat getrunken. Da ist sie nach Lohr in die Heil-

und Pflegeanstalt eingewiesen worden. Und dann hab ich sie nie wieder gesehen. Aber ist das wichtig?«

»Alles ist wichtig, um festzustellen, ob Sie mit dem Mord etwas zu tun haben. – Was ist mit Ihrem Vater?«

»Den hab ich nie kennengelernt.«

»Ging es Ihnen denn gut bei Ihrer Pflegefamilie?«

»Meine Pflegemutter war wie eine richtige Mutter zu mir.«

Nach einigen weiteren Fragen kündigte sich auch bei Ittner ein Regenschauer an.

»Ich – ich kann nichts gestehen! Ich kann meiner Pflegemutter keine Schande machen!«, stieß er hervor, während Tränen über seine Wangen liefen. »Und ich geh nicht wegen so einer alten Frau ins Gefängnis! Ich sag jetzt überhaupt nichts mehr!«

»Ist in Ordnung, Herr Ittner. Aber Sie bleiben heute hier. Morgen sprechen wir weiter.«

*

Dem Untersuchungsrichter Taumann in Aschaffenburg stand anderntags ein völlig veränderter Ittner gegenüber. Keine Spur mehr vom Elendshäufchen des Vorabends. Er habe mit der Sache nicht das Geringste zu tun. Sein Gewissen sei rein. Er wolle einen Anwalt.

Reger kochte innerlich. Er hatte das sichere Gefühl, dass er Ittner beinahe zu einem Geständnis gebracht hätte. Und nun drohte ihm alles wie ein Kartenhaus zusammenzubrechen. Ittners Anwalt Fritz Kirchhoff hatte nicht einmal ganz unrecht, wenn er monierte, dass der Hauptzeuge, Wilhelm Bock, Ittner nicht sicher identifizieren konnte. Die Zeitangaben der anderen Zeugen wischte er mit dem Argument beiseite, dass unzuverlässige Zeugenaussagen ein grundsätzliches Problem darstellten, wie sich immer wieder in Gerichtsverhandlungen zeige; mithin könne Ittner den *Kiosk Krämer* durchaus auch später verlassen haben, als die Bedienung angegeben hatte, oder entgegen der Angabe seiner Frau auch schon früher nach Hause gekommen sein. Und schließlich: Das Halstuch, mit dem Maria Flosky erdrosselt worden sei, könne auf Grundlage der bisherigen Ermittlungen weder ihr noch Ittner zugeordnet werden. Folglich sei er auch nicht der Täter. Man müsse eher davon ausgehen, dass der Täter ein Campingplatzgast gewesen sei, der das Tuch zum Pilzesammeln bei sich getragen habe. Deshalb sei sein Mandant unverzüglich auf freien Fuß zu setzen.

Es blieb Reger nur eine Rettung. Noch seien die Ermittlungen nicht restlos abgeschlossen, brachte er vor, noch stehe das endgültige Ergebnis der Faseranalysen aus; dreiundzwanzig Hemden Ittners würden derzeit in München untersucht und mit den Fasern an Floskys Fingernägeln verglichen. Tatsächlich gelang es ihm, einen Aufschub zu erwirken. Ittner blieb vorläufig in Untersuchungshaft, doch bat sich Richter Taumann aus, täglich über den neuesten Stand der Ermittlungen in Kenntnis gesetzt zu werden.

Als Reger durch den trüben, nieseligen Sonntag von Aschaffenburg nach Kahl zurückfuhr, arbeitete es unermüdlich in seinem Kopf. Mit diesem Fall stand seine Reputation auf dem Spiel. Und natürlich die Reputation des LKA, das er hier repräsentierte. Es war durchaus nicht so, dass er das Getuschel hinter seinem Rücken über »die Münchner Klugscheißer mit ihren neumodischen Methoden« nicht mitbekam.

Kurzerhand beschloss er, seinen Wagen in Kahl beim Kiosk abzustellen und einen Spaziergang zum Tatort zu machen. Eine weitere Wiederholungsschleife, kam ihm in den Sinn, aber noch jede hatte ihn ein Stück weit nach vorn gebracht. Hier hatte die Tote gelegen, hier ihre Basttasche, hier die verstreuten Pilze, die sie gesammelt hatte. Reger sah sich um. Was für Bewegungen konnten hier stattgefunden haben, als der Täter, wer auch immer es war, auf Maria Flosky losgegangen war? Sein Blick fiel auf eine vereinzelt stehende Kiefer, als sähe er sie zum ersten Mal. Einen Moment später rannte er zum Auto zurück, von zwei Gedanken elektrisiert: Ittner konnte beim Handgemenge mit seinem Opfer den Baum gestreift und Faserspuren hinterlassen haben. Die zweite Idee verdankte Reger ausgerechnet dem Rechtsanwalt: Das Tuch, mit dem Maria Flosky erdrosselt worden war, konnte sie in ihre Basttasche gelegt haben, um darinnen die Pilze aufzubewahren.

Reger fuhr über den Waldweg zum Tatort und nahm ein paar Rollen Klebeband aus dem Kofferraum. Dann machte er sich daran, den Baum systematisch von unten nach oben, so weit seine Arme reichten, zu umwickeln.

Eine vierköpfige Familie in Regenpelerinen blieb auf dem Waldweg stehen und spähte neugierig zu ihm hinüber. »Mami!«, krähte das Mädchen, »was macht der Mann da?«

Die Erwachsenen zuckten die Schultern, aber keiner rang sich dazu durch, ihn zu fragen, als trauten sie sich nicht, einen ganz offensichtlich Verrückten anzusprechen.

Der Regen wurde stärker, und Reger fragte sich, ob es nicht kompletter Blödsinn war, was er da tat. Der heftige Regenguss der vergangenen Nacht konnte alle brauchbaren Spuren abgewaschen haben. Aber auch Maria Floskys Leiche war bereits gewaschen gewesen, sogar mehrmals, und dennoch war Dr. Böhm an den Klebebandabzügen fündig geworden. Reger lief zum Wagen, durchwühlte den Kofferraum nach einem Regenumhang, fand keinen, lief wieder zur Kiefer zurück und machte verbissen weiter. Noch heute, das wusste er, würde er einem der hiesigen Polizisten den Sonntagsdienst versauen und ihn mit den Klebebandstreifen sowie der Basttasche, die sich hier noch immer in Verwahrung befand, nach München schicken. Sich selbst würde er ein heißes Bad gönnen. Und danach ein Glas Alzenauer Steinbräu. Mindestens eins.

*

Am Montag, dem 11. November fuhr ein Autokonvoi in das Waldstück am Campingplatz ein. Ein BMW mit Ernst Reger, Martin Kohr und der Inspektorin Sonja Weidler von der Weiblichen Kriminalpolizei. Ein Mercedes mit Untersuchungsrichter Taumann und Staatsanwalt Platen aus Aschaffenburg. Ein VW Käfer mit Manfred Ittner und drei Justizbeamten. Ein Mannschaftswagen der Aschaffenburger Polizei. Das Gebiet wurde in einem Radius von zweihundertfünfzig Metern um den Tatort abgeriegelt. Die Inszenierung konnte beginnen.

Nachdem LKA-Präsident Schneider persönlich bei Dr. Böhm interveniert hatte, war am 6. November der ersehnte finale Untersuchungsbericht aus München eingetroffen. Reger hatte ihn mit angehaltenem Atem, über den ratternden Fernschreiber gebeugt, Wort für Wort mitgelesen.

1. An den Klebefolien, die von den Handflächen Maria Floskys abgezogen worden waren, befinden sich Fragmente von blauen und blauvioletten Baumwollfasern. Die Fasern entsprechen blauen und blauvioletten Fasern in einem blau-grün-weiß karierten Hemd des verdächtigen Ittner und können von diesen Fasern nicht unterschieden werden. 2. Die von der in unmittelbarer Nähe des Tatortes stehenden Kiefer abgenommenen Klebfolien enthielten Fragmente von hellblauen Baumwollfasern sowie das Bruchstück einer blauvioletten Baumwollfaser. Die Fasern waren nicht von den entsprechenden Faserspuren von den Handflächen der Toten und aus dem blau-grün-weiß karierten Hemd des Verdächtigen zu unterscheiden. 3. An der Innenseite der Basttasche hafteten einige weiße Kunstfasern. Diese Fasern entsprachen in Farbschattierung und Qualität Fasern des Halstuchgewebes. Ferner befand sich am Innenrande der Tasche eine blaue Baumwollfaser sowie eine hellockerfarbene Wollfaser. Beide Fasern traten auch im Gewebe von Ittners Sportsakko auf.

Dann waren Regers Telefondrähte heiß gelaufen. Diesmal durfte nichts schiefgehen. Er ersuchte bei der Münchner Mordkommission darum, ihm zu Ittners nochmaliger Vernehmung seinen Kollegen Martin Kohr zur Seite zu stellen. Am nächsten Vormittag traf Kohr in Alzenau ein. Reger war sich mit ihm schnell darüber einig, dass Kohr mit Ittner noch einmal den gesamten Tagesablauf des 11. September mit all seinen zeitlichen Ungereimtheiten durchgehen solle – und sobald Ittner weichgeklopft wäre, würde er, Reger, ihn mit den Ergebnissen der Faseranalysen überrumpeln.

*

Ittner wirkte, als hätten sich die Tage und Nächte der Untersuchungshaft wie Schichten von Panzerglas um ihn gelegt. Niemals sei er am Tatort gewesen. Niemals habe er Maria Flosky gesehen. All seine Irrtümer und falschen Zeitangaben seien nur wegen seiner Angst vor der Polizei zustande gekommen.

Drei Stunden lang wich er keinen Millimeter zurück. Schließlich hielt Reger den Zeitpunkt für gekommen. Wie beiläufig legte er einen Schnellhefter auf den Tisch.

»Dann gäbe es nur noch ein paar Kleinigkeiten zu klären, Herr Ittner. Wie Sie ja wissen, haben wir Ihre Kleidung zur Faseranalyse ins Labor gegeben, und nun liegen uns die Ergebnisse vor, die wir gern mit Ihnen besprechen würden.« Er klang wie ein Staubsaugervertreter, der sich anschickt, seinem Kunden ein unschlagbares Ratenzahlungsangebot zu unterbreiten.

»Können Sie uns erklären, wie es kommt, dass wir Fasern von Ihrem Hemd und Ihrem Sakko an Frau Floskys Händen gefunden haben? Außerdem weitere Fasern von Ihrer Kleidung an einem Baum nahe der Stelle, an der Frau Flosky gefunden wurde, sowie in ihrer Tasche. Können Sie uns sagen, was Sie aus der Tasche herausgenommen haben?«

Ittner wurde bleich. Alles, was er hervorbrachte, war: »Ich möchte eine Pause.«

*

Unbefangene Spaziergänger hätten an Dreharbeiten denken können. Obwohl es in der Szenerie keine Filmkamera gab. Nur einen Fotoapparat auf einem Stativ, den Assistent Austerlitz betätigte. Und immerhin einen Regisseur – Kriminalinspektor Reger. Er drückte seiner Kollegin Sonja Weidler den Bastkorb in die Hand und wandte sich an Ittner.

»Sie sind hier entlanggeradelt und haben Frau Flosky gesehen. Wo genau stand sie?«

Ittner machte eine vage Handbewegung. »Halt da drüben irgendwo.«

»Unsere Kollegin wird jetzt langsam ein Stück in den Wald hineingehen. Sagen Sie ihr, wenn sie sich weiter links oder rechts halten soll, und sagen Sie ›Stopp!‹, wenn sie die richtige Stelle erreicht hat.«

Inspektorin Weidler, eine altgediente Kraft, die der Weiblichen Kriminalpolizei seit den Dreißigerjahren angehörte, setzte sich in Bewegung. Als Ittners Stoppruf kam, befand sie sich noch etwa fünf Meter von dort entfernt, wo die tote Maria Flosky gelegen hatte. Der Fotoapparat klickte.

»Dort also stand Frau Flosky. Sie haben hier angehalten. Was haben Sie dann gemacht?«

»Ich bin vom Fahrrad abgestiegen und hab's an den Baum da gelehnt.«

Das Geständnis, das Ittner nach Regers Überraschungsangriff abgelegt hatte, konnte es noch nicht gewesen sein. Seinen Angaben zufolge hatte er angehalten, als er Maria Flosky beim Pilzesammeln bemerkte. Sie habe gerufen, er solle von hier verschwinden. Er habe entgegnet, er könne anhalten, wo immer er wolle, und sei auf sie zugegangen. Es sei zu einem Streit gekommen. Er habe sie an den Schultern gepackt und geschüttelt. Sie sei gestürzt. Er habe Angst bekommen, sie könne um Hilfe rufen. Deshalb habe er das Tuch aus der Tasche genommen und um ihren Hals geschlungen. Nur damit sie keinen Lärm mache. Als er sich entfernt habe, sei sie noch am Leben gewesen. Sie habe sich wohl auf dem Boden gewälzt und dabei das Tuch so fest zugezogen, dass sie erstickte.

»Sie haben angehalten und Ihr Fahrrad hier angelehnt. Warum?«

»Na, weil ich die Frau da gesehen hab.«

»Was hat die Frau gemacht?«

»Pilze gesammelt.«

Das Tonband zeichnete alles auf. Auch den krächzenden Krähenschwarm, der über den Baumwipfeln vorüberflatterte.

»Also war sie in gebückter Haltung?«

»Ja.«

»Kollegin Weidler, sammeln Sie Pilze. – In welche Richtung stand sie?«

»Mit dem Rücken zu mir.«

Inspektorin Weidler drehte sich um, vorgeblich Pilze sammelnd, die Kamera klickte, und das Bild sagte, dass der Satz eher hätte lauten müssen: *Mit dem Hintern zu mir.*

»Wenn Frau Flosky so stand, hat sie Sie nicht gesehen. Ist das richtig?«

Ittner nickte nur.

»Bitte geben Sie Antwort für das Tonbandprotokoll. Hat Frau Flosky Sie gesehen?«

»Nein.«

»Also kam es auch nicht zu einem Disput zwischen Ihnen?«

»Nein.«

»Was haben Sie als Nächstes gemacht?«

»Ich bin zu ihr hingegangen.«

»Dann gehen Sie.«

Ittner bewegte sich zögerlich auf die Inspektorin mit dem Bastkorb zu.

»Wie nah sind Sie ihr gekommen, bis sie Sie bemerkt hat?«

Ittner blieb in fünf Metern Entfernung stehen.

»Ungefähr so.«

»Was geschah dann?«

»Die Frau hat sich zu mir umgedreht und hat mir ins Gesicht gesehen. Ich glaube, sie ist erschrocken. Ich soll sie in Ruhe lassen, hat sie gesagt.«

»Haben Sie ihrem Wunsch entsprochen?«

Ittner stand wie eingefroren. Der Ablauf geriet ins Stocken. Reger ging zur Kollegin Weidler und dann noch drei, vier Schritte weiter zur Kiefer schräg hinter ihr, von der er die Abzüge genommen hatte.

»An dieser Stelle wurden Fasern von Ihrem Hemd und Ihrem Sakko gefunden. Wie sind sie dorthin gekommen?«

Das Handgemenge am 11. September mochte ab dem Zeitpunkt, da Ittner Maria Flosky an den Schultern packte und zurückdrängte, bis dahin, da er über ihr kniete und ihr die Kehle zudrückte, nicht länger als ein bis zwei Minuten gedauert haben. Jetzt, zwei Monate später, dauerte es eine quälende Stunde, in deren Verlauf auch die letzten Worte Maria Floskys fielen, die Ittner in sich aufbewahrt hatte: »Schade für einen so jungen Menschen. Du wirst dein ganzes Leben an mich denken!«

*

Reger war der Letzte, der den Schauplatz verließ. Am Baum lehnte noch immer Ittners beigefarbenes Fahrrad mit dem Schriftzug *Victoria,* das man eigens im Mannschaftswagen hatte hierherbringen lassen. Und nun war es irgendwie vergessen worden. Er würde das Rad zu Ittners Wohnung zurückfahren. Der Trupp aus Aschaffenburg war bereits aufgebrochen, und in den Kofferraum des BMW würde es nicht passen. Reger schwang sich in den Sattel. Da tippte ihn jemand auf die Schulter.

»Herr Inspektor?«

Es war Wilhelm Bock, der Rentner vom Holzstapel. Er lächelte leutselig. »Ich wollte Ihnen bloß sagen – ich kenn das Fahrrad! Das hab ich schon einmal gesehen, da bin ich ganz sicher! Aber glauben Sie, mir würde einfallen, wo das war?«

WER SCHREIBT, DER BLEIBT
EIN GANZ GEWÖHNLICHER RAUBMORD IN KIRCHENLAMITZ IN OBERFRANKEN 1888

»Wer schreibt, der bleibt.« Der Schullehrer hat's gesagt, und wenn ich mir auch nicht viel gemerkt hab von dem, was er so lehrte – der Satz blieb mir im Ohr. Vielleicht, weil er später mal auf einen zu reden kam, der es geschafft hatte; ich weiß nicht mehr, war das im Unterricht oder im Wirtshaus, im *Gasthaus Bär* in Kirchenlamitz, am Tisch mit dem Pfarrer und dem Bürgermeister, an dem er immer hockte, und wo man ihn schon von Weitem sehen und hören konnte. Einer von hier hätte es schreibend vom verkrachten Studenten zu einem gebracht, der den Goethe selbst kennenlernen durfte und den Schiller, den sie in der Welt feierten, Jean Paul nannte der sich. Ich weiß noch, dass ich dachte: Was für ein alberner Name. Ich heiße anders.

Aber das muss ein gutes Gefühl sein, wenn einen die Welt feiert.

Mich hätte der Vater schön verdroschen, wenn ich ihm mit solchen Ideen gekommen wär. Die Mutter ebenso. Sie mochte es nicht, wenn ich von Sachen redete, die nicht zu verstehen waren, wie sie es ausdrückte. Der Vater mochte es nicht, wenn ich überhaupt redete. Dem Lehrer gefiel auch nicht alles, was ich sagte in den vier Jahren in seinem Klassenzimmer, er konnte am Ende wohl doch keinen Jean Paul in mir entdecken und ließ mich das wissen. Verloren Hopfen und Malz, und jetzt vielleicht das Leben. Aber nein, ich werd's mir aus der Schlinge ziehen.

Immerhin hab ich mir im Unterricht eine gute Handschrift angewöhnt, klar und kräftig, mit schönen Schnörkeln, aber doch männlich. Aufrecht und breitbrüstig stehen meine Schleifen da, gut sichtbar. Damit war der Grundstein gelegt. Auch wenn man nichts zu schreiben weiß, nichts ist, nichts hat: Solange man keiner ist, der nur mit drei Kreuzen unterschreibt, ist man auch schon kein Niemand mehr. Man hat einen Namen. Neun Buchstaben lang in meinem Fall. Ein jeder Segel setzend auf dem Papier in voller Takelage – und mit Schwung geht's über die Zeile. Unter das Vernehmungsprotokoll hab ich meinen Namen so prächtig gesetzt wie nur irgendeiner der Federfuchser und Rechtsverdreher: Georg Seiß.

Merkt ihn euch gut. Er wird auch bald in der Zeitung stehen. Aber glaubt nicht alles, was sie dort zusammenschmieren; ich hab mir auf mein Leben einen eigenen Reim gemacht, darauf komm ich gleich.

Weil es mit einer Handschrift allein nicht getan ist, hab ich es mir auch zur Gewohnheit gemacht, nicht einfach mit schwarzer Tinte zu schreiben, nein, ich hab, wo immer es ging, ein rötliches Blau gewählt, einen Lilaton, der leuchtet und kostbar aussieht, ein wenig wie Blut.

Wer gerne jagt, wie ich, der wird das verstehen, den zieht es zum Rot, zum Blut, der Tinte des Lebens. So manch einem Wild hab ich es so um die Schnauze geschrieben: *Hab dich*, ein dünner Purpurschnörkel, ausgeführt auf Fell und Moos.

Meine Briefe, wenn ich welche schrieb, zum Beispiel meinen alten Kameraden aus der Militärzeit, fielen schon von Weitem auf, schon die Kuverts mit der prächtigen, purpurfarbenen Adresse, die waren was ganz Besonderes. Die riefen: Da kommt ein Brief vom Seiß Georg. Das wusste der Postbote und damit gleich das ganze Dorf. Ein Brief vom Seiß Georg. Das war immer was.

Und dass der mit den Worten auch gut umgehen kann, dieser Georg Seiß, das hat bei den Soldaten jeder rasch begriffen. Da hätte der Herr Lehrer mich sehen sollen, wie ich Verse baute, einen nach dem anderen, Schlag um Schlag, wie angezählt, ach was, wie mit dem Pflug gezogen ging das. Schön gerade, die Spur halten, am

Ende wenden, ein fertig beackertes Feld. Und brachten gar keine schlechte Ernte. Ich hab die Gedichte den anderen gegen ein paar Groschen verfasst, wohlfeil gefeilt, zum Geburtstag der Eltern oder für die Braut.

Überhaupt die Weiber. Weiber und Worte, das geht zusammen, und meine Erfolge waren nicht übel, sage ich euch, gar nicht übel für einen einfachen Steinhauer und Ökonom. Der Jäger auf den Fuchs braucht eine Flinte, wer Weiber jagt, dem hilft die rote Tinte. Mit der Schlinge eines Reims fängt man sie ein. So ein Gedicht, wenn sie es bekommen und auseinanderfalten und lesen und sehen: Die Überschrift ist schon ein Kunstwerk, so schön groß und halbrund gesetzt; »Frühlingsluft« steht da etwa oder »Morgenröte«, ganz wie in der *Gartenlaube* oder in einem literarischen Almanach. Nach der Überschrift kommen dann vier Strophen – mindestens vier, sonst macht es nichts her –, die in Versen dahertraben wie bei einer muntern Polka: Ja, da gehen ihnen die Augen über, und sie tanzen ganz nach deiner Pfeife. Meiner Alten ging es nicht anders.

Jetzt jammert sie, dass der Hof gepfändet ist und sie mit den Kindern auf der Straße steht; eine Sammlung wird für sie gemacht; so geht das Rad des Schicksals.

Mein Schicksal, in blutiger Tinte. Und darunter mein Name. Wisst ihr ihn noch? Georg Seiß bin ich, Soldat, Steinhauer, Ökonom. Bald werde ich auf einer Bühne stehen, und mein Name wird laut verlesen werden. Warum, fragt ihr?

Das Leben von unsereinem taugt nicht recht für die Literatur. Über die armen Schlucker erscheint wenig Gedrucktes. Eine Ausnahme sind die Flugschriften, die der Staat drucken lässt, um die Verbrechen der Hingerichteten zu beschreiben, zur Erschreckung und Belehrung des Volkes, das sich recht um diese Heftchen reißt. Die werden mehr gelesen und mit heißeren Wangen als eine Ballade von Bürger, die sind besser als *Lenore fuhr ums Morgenrot*, was der Lehrer uns seinerzeit vortragen ließ.

Mord und Totschlag sind darin, Gewalt und Gerechtigkeit wie in den besten Dramen. Und es kommen auch mehr Leute, als ins Theater gehen, das kann jeder selber sehen. Vor den Schafotten drängen sie sich und treten sich fast gegenseitig tot für einen Blick auf den Darsteller, dessen Schicksal jeder bestaunen will. Zu Hunderten kommen sie zu den Hinrichtungen, manchmal zu Tausenden, mehr Menschen auf einmal, als man bei einer Kirchweih sieht oder sogar bei einer Fahrt in die Stadt.

Und mag da noch die armseligste Giftmörderin auf dem Schafott stehen, die ihren Gatten mit Schwefel von den Zündhölzern oder Arsenik umgebracht hat, oder ein Wandergesell, der einen Mitreisenden für ein paar Groschen erschlug – ihre Geschichte wird in voller Länge und Breite dargebracht. Auf einmal ist's ein Roman.

Mein Leben ist jetzt auch so ein Roman geworden.

Und ich bin nicht schlechter als die. Der Seiß Georg wird gewiss ein Publikumserfolg werden. Aber ich hab mich schon gefragt, warum ich es einem anderen überlassen soll, mein Leben und meine Taten für die Nachwelt auszubreiten. Kann ich das nicht selber viel besser, am allerbesten am Ende? Alles, was ich brauchte, war ein wenig rote Tinte. Zeit hatte ich hier in der Zelle mehr als genug. Sie sollten schon sehen, dass der Seiß Georg kein gewöhnlicher Kopf war – den ich nicht vorhab, dafür hinzuhalten, das sag ich euch ehrlich. Von mir wird niemand etwas anderes hören, als dass ich ihn nie töten wollte. Den Raub geb ich zu; der Rest war ein Unglück. Die Leute werden das glauben. Einer, der schreibt, das ist kein Verbrecher. Das hat auch der Lehrer damals gesagt, als die faulen Eier auf das Klassenbuch gekommen waren und er, die Rute in der Hand, nach dem Übeltäter forschte. Wir hatten alle die Köpfe gesenkt und die Hände auf dem Pult und zitterten, halb vor unterdrücktem Gelächter, halb – und mit der größeren Hälfte – aus Furcht vor den Schlägen. Der Herr Lehrer hatte eine harte Hand, und jetzt war sein Kopf rot vor Zorn. Da würde er nicht mehr bis zehn zählen, da würde er schlagen und schlagen und schlagen, bis die Rute brach, wir kannten das und kicherten trotzdem; vielleicht lachten wir ja aus Furcht.

Er verließ das Kathederpodest und ging durch die Reihen, wir hörten die Schritte, wir spürten seine Anwesenheit, er ging um wie der Tod. An mir ging er vorbei. Einen Moment verhielt er, dann ging er vorbei, legte mir die Hand kurz auf den Kopf. Ich spürte sie, schwer, warm, staubig von der Kreide und knisternd vor Alter. Eine schreckliche Hand, aber sie beruhigte mich. Sie sagte: Ein Knabe, der so sauber schreibt, der die Worte so zierlich setzt und so schön die *Lenore* aufzusagen weiß, das ist kein Schelm. Er schob mir die Hand unters Kinn und hob meinen Kopf, und ich schaute ihn an und sagte genau das mit meinem Blick. Meinem klaren, unschuldigen Blick. Der Lehrer lächelte, damals lächelte er mich zuweilen noch an, und ging weiter. Er schlug an dem Tag einen anderen. Der Bürger schrieb auch den *Münchhausen*, das hatte der Herr Lehrer vergessen. Ich werde nicht sagen, dass ich es gewesen bin.

Mit ein bisschen Glück erhalte ich auch diesmal eine Begnadigung. *Ich war als kleiner Knabe schon ein listig schlaues Kraut. Und dann?*

Mein Leben war nicht gut, nicht schlecht, es ging so auf und ab und ging dahin. Die Kinder kamen, die Schulden. Abgesehen von der Jagd, wo ich mich froh gefühlt hab und frei – da geht nichts drüber, wenn man den rechten Moment gefunden hat und abdrückt und es gelingt. Im Wald, da wittert man und spurt, man sucht und findet, die richtige Beute und die richtige Gelegenheit; am Ende ist man Sieger, hat Fleisch und Pelz. Im Leben jenseits der Bäume geht es anders zu: kein rechtes Ziel, auch kein klarer Moment, der etwas ändern täte. Alles nur Müh, und es ändert sich wenig, am End nur zum Schlechteren.

Das Weib war gewonnen und kriegte jetzt Kinder. Die Wirtschaft wurde geführt und ging bergab. Kein Fleisch, kein Pelz, da half weder ein gutes Auge noch eine ruhige Hand, noch die Entschlossenheit im Augenblick. Ich hätte gar nicht gewusst, welcher der rechte wäre. Der in jener Nacht, da auf der Wiese, als ich dachte: jetzt, dran und drauf, und dann ... – ach, der war es am Ende doch nicht, der war es sogar gewiss nicht, das wurde nur ein weiteres, zielloses Herumstolpern im Dickicht, aus dem ich nicht mehr herausgefunden hab.

Fast hätt mein Glück ja für eine Flucht gereicht; in Kirchenlamitz saß ich schon im Loch, nachdem sie den Mann gefunden hatten. Dann bin ich ihnen entschlüpft, hab es über drei Wochen in den Wäldern des Fichtelgebirges ausgehalten, für einen guten Jäger eine Kleinigkeit. Dann Bayreuth, hernach München, schließlich in die Schweiz. Da fingen sie mich dann und lieferten mich aus. *Ich tat, was ich nicht tun hätt soll'n, und hab auf Sand gebaut.*

Unglaublich, was die Leute alles mitkriegen. Dass ich Schulden hatte, das wussten sie im Dorf alle. Und wie sich jetzt zeigt, wussten sie es genau und hatten auch eine Meinung dazu. Dass ich zu gern und zu viel auf die Jagd ginge, wurde da geredet und steht jetzt in den Zeitungen. Das hätte mich ruiniert, das, und nicht etwa die harte Arbeit, die schlechte Ernte, die Armut, an der nichts zu ändern ist. Sie kennen dich und wissen alles, glauben sie. Ich werde ihnen schon erzählen, wie es wirklich war, mit meinen eigenen Worten werde ich das. Die Leute denken nur, sie wissen alles.

Und sie sehen alles, nichts kann man vor ihnen verheimlichen. Da kann man noch so breitbeinig das Wirtshaus betreten, sie sehen einem an der Nasenspitze an, dass man verzweifelt ist, und folgen einem mit Argusaugen bis zu dem Moment, in dem man strauchelt. Alles ist ausgemacht für sie und war doch ganz anders. Es war doch reiner Zufall, dass ich im *Bären* diesen Mann traf! Er hatte ein Barschaft von über dreihundert Mark. Über dreihundert! Mir hätten sechzig schon aus der Klemme geholfen. Aber folgt daraus gleich, dass ich ihn getötet habe?

Mehr als einer hatte mich gesehen, wie ich das Geld anstarrte, und mir wohl auch angesehen, was ich dabei dachte. Und hat sich selber was gedacht. Wie sie alle zur Polizei gelaufen sind, als sie den Mann fanden anderntags! Gar nicht schnell genug konnten sie erzählen, was sie über mich wussten. Da gab es welche, die hatten mich bemerkt, wie ich vor ihm das Gasthaus verließ, anderen war er und seine Prahlerei aufgefallen mit der dicken Börse, wieder andere hatten uns beide wahrgenommen, auf der Straße nach Schwarzenbach, nicht gemeinsam, aber doch aneinandergebunden mit dem festen blutroten Seil meines Wunsches, das die schwarze Nacht nicht ganz verstecken konnte. Sie haben ihn geahnt, gespürt. Aber es war nur ein Wunsch, nur so ein Gedanke, einer unter vielen, voller verwirrender Schleifen und Schnörkel und gar nicht zu entknoten. Nicht zu entziffern, auf welchen Reim das hinauslaufen wollte, und ich werde es nicht aufschreiben. Es war alles so gut wie gar nicht da. Es war nur so, dass ich in diese Richtung ging, einfach gehen musste. Weiß der Teufel, was mich zog.

Alle scheinen mir zugesehen zu haben in jener Nacht. Man könnte glatt meinen, ich wär damals schon berühmt gewesen. Und ich dachte, ich hätte mich dort an der Straße wohlverborgen, hingekauert in den Graben, ins ungemähte Gras, das nach Bachlauf roch und nach Kamille. Bis er kam. Ich will's nicht leugnen – Soldat hin, Jäger her –, dass ich gelauert habe. Ansitzen nennt man das, es dauert oft die ganze Nacht und führt gerne auch mal zu gar nichts. Es ist also noch lang kein Verbrechen.

Ich spür es noch klopfen, an den harten, taukalten Boden, mein Herz. Folgt daraus notwendig, dass alles sich auf Schmerz reimen muss?

Der erste Schlag hat mich erschreckt. Ich hab ihn geführt, ja. Aber das Geräusch! Und das Blut! Da hatte sich die Nacht, da hatte sich alles in etwas ganz anderes verwandelt. So kühn hatte ich den Schwung gesetzt. Und jetzt lief es rot übers Papier, aber da stand nichts von Frühlingsreigen und Morgenduft. Und wie er schrie, die ganze Zeit schrie er, dass man nicht zum Nachdenken kam. Taumelte herum und schrie und blutete immerzu, und alles war doch schon geschehen. Und ich hatte nicht mal was davon, außer der Angst. Ich hab mich nicht mal getraut, in seine Börse zu fassen, nicht einmal nahe zu kommen vermochte ich ihm, bin immer nur hinter ihm hergeschlichen und konnte nicht klar denken. Kein Vorsatz weit und breit, sage ich.

Aber ich musste es doch zu Ende bringen.

Dass ich »wie eine Tigerkatze« hinter ihm hergesprungen sei, das haben die Zeitungen gerne übernommen, das ist schön gesagt, vielleicht schrieb ich es selbst, und vielleicht ist's so gewesen. Vielleicht, im allerletzten Moment, mir ist fast so, als wäre ich da gesprungen. Weil ich den Schritt nicht wagte, tat es der Sprung. Und wenn ich mich auch mehr wie ein geprügelter Hund fühlte, oder wie eine Hyäne, nein, das Wort kam mir nicht in mein Gedicht. Und das Geld hab ich auch am Ende gar nicht angefasst. Unerklärlich, wie es in meine Börse kam. So gesehen ist es nicht einmal Raub. Im Grunde war es gar nichts, außer höchstens ein großer Irrtum. Aber auch »Irrtum« ist kein Wort für ein dem Seiß'schen Leben würdiges Gedicht.

Oh Gott, wie oft hab ich zuschlagen müssen, und am Ende die Schinderei, bis ich den schweren Körper über die Wiese bis zum Lauterbach gezogen hatte. Was so ein Metzger aber auch wiegt. Warum ich ihn mit dem Kopf im Wasser liegen ließ? Was weiß denn ich. Vielleicht wollte ich ihn erfrischen, ihn waschen und ergetzen, das Wort hab ich mal irgendwo gelesen, als ich noch las; ist lange her. Vielleicht wollte ich seine Fresse nicht mehr sehen. Das fügt sich aber nicht in Verse und ich hab's tunlich verschwiegen.

Doch Achtung jetzt, das Urteil wird verkündet. Was sagt der Richter da: Es gebe ein Gedicht? Ja, ich hab es aufgeschrieben, mein Leben, meine Worte. Das macht mir so leicht keiner nach.

Ich hab alles in Reime gegossen, denn was sich reimt, ist wahr und gut und schön. Das hat der Herr Lehrer uns erzählt: Das Schöne ist das Wahre und Gute zugleich. Es ist die reine Hexerei.

Oh, ich hab's sehr schön gemacht, mein Gedicht, mein Bekenntnis. Dann ist es am Ende auch ganz wahr. Und alles wird gut.

Der Seiß Georg ist wohlgebaut an Körper und Geist, der ist ein ganzer Mann. Der jammert nicht rum über seine Tat und macht sich nicht ein vor Angst hinterher, der wagt den Tigersprung. Einem wie mir, dem wird man den Kopf doch nicht abschlagen? Das können sie doch nicht tun?

Sie werden mich freisprechen, denk ich, ein paar Jahre wegen des Raubs, höchstens, war ja auch nur halb geplant und nicht vollbracht. Mein Lebensgedicht wird gedruckt und bestaunt, die Zeitungen werden es zitieren, ich werde so berühmt wie dieser Hans Paul und reich noch dazu. Alle werden sich bei mir entschuldigen, das ganze Dorf. Mich anstaunen. Die Frau wird mich mit den Kindern empfangen, wenn ich wieder rauskomme, zurücknehmen wird sie mich mit Tränen in den Augen, und der Hof wird prächtig dastehen. Man wird mich bitten, mehr Verse zu verfassen, und ich werde das Steinhauen lassen und hau mir andere Werke zurecht, mit der Feder, der blutroten Feder.

Jetzt steh ich auf vor dem Richter und hebe das Kinn, damit er meine Augen sieht, er wird darin nur Klarheit und Unschuld lesen. Gleich werd ich meinen Namen unter das Dokument setzen, mit einem Schwung, dass der Herr Lehrer lächeln wird und sagen: Den kenne ich, der kann nichts Böses tun. Fast muss ich kichern, vielleicht nur zur Hälfte aus Angst.

Was sagt der Richter da: Gewuchtiges Anklagematerial? Aus seiner eigenen Hand? Ich muss mich setzen. Ich kann nichts hören, kann es nicht verstehen. Nur rotes Rauschen. Sie sagen es mir hinterher: Verurteilt wegen Mordes.

Der paar Worte wegen?

Mein ganzes Leben hab ich in ein Gedicht gefasst, es hat jetzt Form und Gestalt, zweifache Gestalt, meine eigene und die einer Henkersklinge, und die zieht sich mir durch die Gurgel.

Georg Seiß, Ökonom, in vielen Schwüngen und Schlingen gefesselt und gefangen sitzt der Name da. Er hat sich selbst erschaffen und ist von eigner Hand gestorben.

ABFLUG

BANKRAUB MIT GEISELNAHME AUF DEM GELÄNDE DER LEIGHTON BARRACKS, WÜRZBURG 1980

Mike Krügers Sie müssen nur den Nippel durch die Lasche zieh'n *wird als Nr.1-Hitsingle von* Funkytown *von den Lipps, Inc. abgelöst.*

Das würde schon klappen. Peter Friebel kannte sich hier aus, er hatte in dieser Kaserne gearbeitet, deshalb war er hergekommen. Hier in Würzburg hatte es ihm immer gefallen, anders als in München. Andere hatten sich nach der Versetzung gesehnt, er hatte sie bedauert. Er mochte diese in enge Täler gefaltete, hügelhochkriechende kleine Stadt. Er mochte die schmalen Straßen, deren Horizont oft von einem grünen Weinberg abgeriegelt wurde. Er mochte die dicht an dicht stehenden alten Sandsteinfassaden, aber auch die Neubauviertel, die über die Hänge aufwärtswucherten und sich in den Himmel befreiten, so wie das Gelände der Leighton Barracks, das einsam und luftig und hermetisch abgeriegelt mit seinen hundertvierunddreißig Hektar über Würzburg thronte.

Es hätte gar nicht den alten Flugzeughangar gebraucht, in dem längst eine Mall Einzug gehalten hatte, die größte in Europa, in der es direkt aus den USA importierte Lebensmittel gab, sogar solche aus Hawaii! Sieben Tage die Woche, rund um die Uhr war hier geöffnet, eine Demonstration der Macht, eine Verheißung, die ihn wärmte. Hier war er mit der großen Welt in Kontakt, hier war alles möglich.

Es hätte auch nicht den ehemaligen Tower gebraucht, kreidig vor dem leeren Himmel, in dem inzwischen gar keine Fluglotsen mehr hockten und den Weg hinauf in die Wolken wiesen – es hätte all dessen nicht bedurft, um zu fühlen, dass man hier oben der Freiheit ein Stück näher war. Hoch über dem Tal, dicht unter dem Wind, der jetzt im Sommer warm war wie das seidige, cremige, grenzenlose Weißblau des Himmels darüber, ein Ort zum Abheben. Hier würde er seine Flügel entfalten.

Er genoss schon die Fahrt hinauf, die vielen englischsprachigen Schilder der Autoverkäufer mit ihren Anpreisungen und *Sales*. Auch er würde heute ein Geschäft machen.

Die Zufahrtsstraße kannte er noch mit den neugebauten US-Wohnsiedlungen an der Seite, dahinter die freien Felder, Wiesen, nicht weit weg das Dorf Gerbrunn. Zum Erdbeerpflücken konnte man dorthin gehen, erinnerte er sich. Als er hier lebte, waren seine drei noch zu klein dafür gewesen. Doch er erinnerte sich an den Anblick: Frauen mit Kindern, Körbe in der Hand, über die Hangfläche spazierend. Er hatte nicht hier oben gewohnt, auch nicht hier gearbeitet. Seine Tätigkeit als Übersetzer hatte er am Ludwigkai ausgeübt, unten in der Stadt. Aber der Adlerhorst der Barracks war für ihn oft ein Ziel gewesen, um Dienstbesprechungen zu halten, um Freunde zu besuchen, um einkaufen zu gehen wie in den USA. Um sich umzusehen. Immer hatte er hier so etwas gespürt, einen Impuls, eine Ahnung, einen Freiraum.

Nirgendwo sonst hatte er das gefunden, nicht daheim, mit Frau und drei Kindern. Nicht im Job, in der engen Hierarchie. Stabsunteroffizier, beim Militärischen Abschirmdienst sogar. Das war etwas, er diente der richtigen Sache aus guten Gründen. Doch es reichte nicht, um sich unwillkürlich zu straffen, um weiter auszuschreiten, tiefer zu atmen. Es reichte nicht, um jemand zu sein, jemand, der flog. Sechs Jahre, die er sich jetzt dahinschleppte durch einen Alltag, der ihm nicht gefiel. Und immer dieser Gedanke, dass er doch der Kerl wäre, das mit einem Schlag zu ändern. Selfmade. Unaufhaltsam in seinem *Pursuit of Happiness*, zumindest mit der Hälfte seiner Gene. Seinen deutschen Vater zählte er dabei nicht.

An guter Laune mangelte es schon lange. An Haltung zunehmend. Unbegrenzte Möglichkeiten – in München war davon nichts zu spüren gewesen; die Stadt hatte es an sich, dass kleine Leute sich in ihr noch kleiner fühlten.

Peter Friebel passierte das Eingangstor, einen altmodischen Steinbogen mit dem Flair der Dreißigerjahre, der in ihm sofort wieder dieses Gefühl hervorrief, gut und vertraut, dass hier etwas aus ihm werden könnte. Dahinter lag die Hauptstraße, fast wie eine amerikanische Kleinstadtstraße, an der links bald der Tower kommen würde, in dem die Bank lag. Zahltag, es war Zahltag heute, darauf hatte er geachtet. Er hatte überhaupt an alles gedacht, dachte er. An den schwarzen Strumpf, den er sich gleich über das Gesicht ziehen würde, wenn er das Gebäude betrat, an die Smith & Wesson, den Text, den er sich in seinem Kopf zurechtgelegt hatte. Er bezahlte das Taxi und stieg aus. Er hatte Urlaub genommen für diesen Tag. Und so fühlte er sich: wie ein Urlauber von allem; frei. Frei von den Fesseln des Alltags, bereit, in die Lüfte zu steigen. Ein wenig aufgeregt vor der Reise, die ihn in eine völlig neue, fremde Welt entführen würde. Südamerika vielleicht, Strände, Palmen, Drinks. Er hatte mal in einem Magazin darüber gelesen. Es würde schon alles gut gehen. Er war hier quasi zu Hause. Er war der richtige Mann dafür. Er war nicht verzweifelt.

Es war der 30. Juni und der Himmel makellos.

Papst Johannes Paul II. traf zum Auftakt seiner Reise nach Brasilien in der Landeshauptstadt Brasília ein.

Sie hörte die Stimmen, da fuhr ihr schon der Schreck in die Glieder. Männer stritten, und da wusste sie Bescheid. Es war nie gut, in der Nähe zu sein, wenn Männer sich stritten. Sie hörte den aufgeregten Ton, den hysterischen Diskant, obwohl es ja immer hieß, nur Frauen seien hysterisch. Schüsse fielen keine, aber als sie auf der drittobersten Stufe stand, den Eimer mit dem Wasser in der Linken und den Wischmopp in der Rechten, da sah sie kurz den Arm mit dem schwarzen Ding in der Hand, das auffordernde Wedeln. »Da rein, hopphopp.« Und: »Keinen Mucks!« Sie hörte die Anweisungen und spürte den dringenden Impuls, ihnen Folge zu leisten. Es war besser so, wenn Männer laut wurden. Männer in Uniform zumal, Männer mit Waffen in den Händen.

Sie hatte nichts dagegen gehabt, für die Amerikaner zu arbeiten. Die alten Geschichten ihrer Mutter nervten doch nur. Die ewigen Erzählungen von den Bränden, und dass man die Detonationen bis auf die Dörfer gehört hätte, wo die Mutter mit ihr und dem kleinen Bruder untergekrochen war und wo sie nachts vor dem Gartentor gestanden und den Schein gesehen hätten. Sie erinnerte sich nicht daran. Nicht an das Feuer, an die Flieger, an die Detonationen oder daran, dass sie in diesen besonderen Nächten geweint und sich gefürchtet hätte. Die Angst war einfach immer schon in ihrem Leben gewesen. Am ehesten verdankte sie sie dem Vater. Ihm und seinem Gürtel. Und seinen Weisheiten, wie zum Beispiel der, dass der Schnee schwarz war, wenn der Chef es sagte, und man am besten immer tat, was einem gesagt wurde. Das hatte er nicht an der Front gelernt, der Vater, sondern irgendwo in einem Büro, wo er an allem ganz unschuldig gewesen war. Sie interessierte das nicht, die alten Kriegsgeschichten, wie gesagt. Ihr waren auch die Amis egal, gute Arbeitgeber, regelmäßige Zeiten, keine Sonderwünsche, gute Bezahlung, und in der Mall gab es diese Dosen mit Dr. Pepper, auf die ihr Bruder so stand.

Der fand es super, dass sie hier arbeitete. Er war damals noch jünger gewesen als sie und erinnerte sich ebenfalls an gar nichts, nur an amerikanische Soldaten, die Schokolade verschenkten. An Ausflüge in Bussen, organisiert von den Besatzungsmächten, die zur Charmeoffensive ansetzten, an Spiele, bei denen er mit Soldaten in Uniform Abklatschen und Ringelreihen praktizierte; es gab

Fotos davon, einer der Soldaten war schwarz gewesen, der Vater hatte das Bild trotzdem ins Album geklebt. Schnee von gestern, heute schwarz.

Ihr Name würde später nicht in der Zeitung stehen, und sie würde das in Ordnung finden. Zeitung las sie ohnehin nicht. Sie lauschte den Stimmen, versuchte nicht, viel zu verstehen – sie hatte alles bereits verstanden: still sein, rein da. Ganz still stand sie auf der Treppe, eine ganze Weile. Dann, weil weitere Befehle ausblieben, zog sie sich langsam, Schritt für Schritt, die Stufen hinunter von dem Geschehen zurück, von dem Gemurmel, den Stimmen, den Gefühlen, ging die Treppe wieder hinunter, die sie hochgekommen war, zurück in den Keller der Bank, zurück in das Abteil mit den Putzmitteln, mit den Lappen, den Papierhandtüchern zum Nachfüllen, mit den Spinden. Vor den Fenstern waren Gitter, man befand sich ja in einer Bank. Es gab hier keinen Ausgang, und sie dachte auch nicht an Flucht. Sie machte Ordnung, wie das ihre Aufgabe war. Ordentlich stellte sie Eimer und Wischmopp in die Ecke, dann räumte sie sich hopphopp selber auf.

Sie würde später sagen, dass sie nichts gesehen und gehört hatte, und es war nichts als die Wahrheit. Die Männer mit den geschwärzten Gesichtern, die am Abend dieses Tages die Gitterstäbe vor einem der Fenster durchsägten, übertönt vom Brummen einiger Lastwagen, die man zu diesem Zweck hinter dem Gebäude vorbeifahren ließ, und die so hinter dem Rücken des Geiselnehmers, des Bankräubers, in die Kellerräume des Gebäudes vordrangen, fanden sie in genau der Haltung in diesem Schrank, die sie am Vormittag dort eingenommen hatte. Sie machte durch keinen Mucks auf sich aufmerksam. In die schwarzen Gesichter blickte sie, als hätte sie nichts anderes erwartet.

Wie sie es geschafft hatte, die ganze Zeit auf so engem Raum gekauert zu stehen? Wie sie sich den Druck auf die Blase verkniffen hatte? Sie hätte es nicht sagen können, selbst wenn sie jemand gefragt hätte. Man fragte sie anderes: Wer? Was? Wie viele? Sie schüttelte den Kopf. Verzichtete darauf, hilfreich zu sein, verzichtete auf jeden Versuch, sich zu erinnern, auf die Erwähnung ihres Namens. Sie hatte nichts gehört, nichts gesehen, am Ende würde sie wenig gesagt haben und an nichts schuld sein. Ihr Vater wäre stolz auf sie.

Aber sie wusste schon, als sie sich in den Schrank zwängte und mit klammen Fingern die Tür so weit und so fest zuzog, wie das von innen möglich war, dass ein Lob ausbleiben würde. Es war stets ausgeblieben. Wenn er nach Hause gekommen war, in die geputzte Wohnung zum gekochten Essen und den schweigenden Frauen, die sich so gut unsichtbar zu machen verstanden, dass nicht einmal seine alkoholsensibilisierte Seele einen Anlass für Unmut fand, dann war ein Lob nicht vonnöten gewesen. Es hatte genügt, dass Schlimmeres ausgeblieben war. Sie saß im Schrank, saß immer im Schrank und dachte: Glück gehabt. Wenn daheim das Gebrüll nicht lauter geworden war, die suchenden Schritte sich verlangsamten, die Einschläge entferntes Mobiliar trafen, der Fernseher anging, das Quietschen des Sessels hörbar wurde und die Stimme des Nachrichtensprechers von der Geiselnahme in Teheran berichtete, von der Republik Freies Wendland oder dem Abschiedsspiel Sepp Herbergers, von einem Leben, das sich anderswo abspielte. Nicht hier.

Auch im Keller der Bank war es still. Sie saß im Schrank, und sie spürte nichts. Vor allem keine Angst.

Menachem Begin, Ministerpräsident Israels, erleidet während einer Parlamentsdebatte eine leichte Herzattacke.

Buddy Davis rauchte. Der Oberfeldwebel hatte schon die zweite Packung angebrochen. Er hielt sie in der Linken, um die Rechte für den Telefonhörer freizuhaben. Mal saß er auf dem Bürostuhl, dann auf der Tischkante und beobachtete den Mann mit der Strumpfmaske, der die Mündung seiner Pistole auf den Bankangestellten gerichtet hatte, nicht auf ihn, Buddy, den Kunden, immer nur auf den Bankangestellten, als wäre der leichter zu beherrschen, klein wie er war, kaum eins dreiundsechzig, Shorty genannt und kein Soldat.

Buddy Davis konnte nicht anders, als diese Dinge zu bemerken: dass der Mann mit der Strumpfmaske etwa in seinem Alter war, ein wenig älter vielleicht, Militär, aber keine Kampferfahrung, da hätte er gewettet. Dass die Smith & Wesson geladen war. Ob er gut damit umzugehen verstand, spielte beim Abstand der Mündung von Shortys Schläfe allerdings keine Rolle. Dass der Mann schwitzte unter dem Strumpf. Buddy Davis schwitzte selbst – noch niemals hatte er so geschwitzt, und immer wieder hatte er Sorge, der Hörer könnte ihm aus der Hand gleiten. Noch nie in seinem Leben hatte er so bedauert, zu einer bestimmten Zeit an einem bestimmten Ort zu sein, einfach verdammtes Pech. Schon wieder klingelte es. Schon wieder musste er rangehen.

Von Anfang an hatte der Kerl ihn zum Sprachrohr bestimmt. Schon als die Military Police mit ihrem Jeep vorfuhr und rief: »Wer ist da drin?« Buddy Davis fragte sich noch, wer sie wohl alarmiert hatte, als der Räuber ihn schon aufforderte, ein Fenster zu öffnen. *Das ist ein Überfall*, sollte er hinausrufen. Und mit Angst in allen Knochen und dem sicheren Wissen, dass es wahr war, fühlte er sich doch wie ein Hochstapler, als er den Arm ausstreckte, das Fenster aufhebelte, dabei im Geist schon die Geschosse der Scharfschützen fliegen sah, sie in sein Fleisch einschlagen spürte. Schnell öffnete er das Fenster und zog sich dann vom Griff zurück wie von einer Giftschlange. Aber es waren noch keine Scharfschützen da, natürlich nicht, also reckte er sich, angetrieben von der Pistolenmündung an Shortys Schläfe, ein wenig in Richtung Fensterschlitz, hob den Kopf, räusperte sich und rief den Satz. Der seltsam in seinen

Ohren klang. Der ihm die eigene Stimme fremd machte. »Das ist ein Überfall.« Wie im Fernsehen. Er dachte es abfällig. Er dachte es unwillig, voller Verachtung für seinen Stichwortgeber, dem nichts Besseres einfiel. Und doch zitterten seine Hände. Es gab da ein deutsches Wort, »Kasperltheater«, wieso fiel ihm das jetzt ein? Shorty schaute ihn mit großen, stumm schreienden Augen an. Er trat vom Fenster zurück. Einen Moment lang war er versucht zu sagen, dass die dort draußen jetzt sicher alles absperren würden, dass die MP das Gebäude überwachen würde und vermutlich reguläre Truppen das gesamte Gelände sichtern, mit voller Montur und Bewaffnung, wie im Krieg. Dass die möglicherweise gerade Hubschrauber anfordern. Dass es eine verdammt dumme Idee war, ging ihm durch den Kopf, einen Banküberfall mitten in einem Armeegelände zu verüben. Aber da war die Mündung an Shortys Schläfe, die Schweißperlen auf der Stirn des Bankangestellten, der es nicht einmal wagte, nach dem Taschentuch in seiner Hosentasche zu greifen. Und Buddy Davis wurde klar, dass er womöglich noch nie in größerer Gefahr gewesen war als hier in diesem Kasperltheater, in dem er weiter die Rolle der Bühnenstimme des Schurken spielte.

Er lauschte den Anweisungen und nahm den Hörer ab. Verlangte 1,4 Millionen Dollar, obwohl sogar Shorty laut zu sagen wagte, dass nicht einmal am Zahltag so viel Geld in den Tresoren sei. Verlangte einen Fluchtwagen, der den Räuber zum Flughafen fahren sollte. Verlangte sicheres Geleit. Hörte denn sein krimineller Souffleur nicht, wie absurd das klang? Als ob irgendwer auch nur irgendeine dieser Forderungen erfüllen würde.

Buddy Davis lauschte, doch es war nichts zu hören dort draußen. Die Kommandos, mit denen die Schützen in Stellung gebracht wurden, das Dröhnen der Rotoren, das Surren der heiß laufenden Telefone, all das fand nur in seinem Kopf statt.

»Woher soll das Geld denn kommen?« Shorty wagte die Frage,

die seine professionelle Sorge als Geldverwalter betraf. Buddy Davis vermutete, dass sie in Kitzingen anfragen würden, bei der Bank in den Harvey Barracks, Shortys Kollegen. Er sagte es nicht laut.

Das Telefon klingelte. Ein Psychologe war dran. Der Räuber wollte nicht mit ihm sprechen. Buddy Davis hörte zu, gab weiter, übersetzte vom Amerikanischen ins Amerikanische, versuchte, Appelle durchzureichen, Fangfragen nicht auffliegen zu lassen in der Wiederholung, fühlte sich überfordert und nicht gemeint. Immerhin waren da Stimmen, zwei Kollegen, sie lösten sich ab, Menschen, die er zwar nicht berühren konnte, die aber wussten, dass es ihn gab, die er etwas anging, die er gerne gebeten hätte, dass sie ihn nicht vergaßen, ihn, Buddy Davis.

Aber er durfte nur die Stimme eines anderen sein, verlangen, was dieser verlangte. »Keine Tricks.« »Kleine Scheine, nur Zehner, Zwanziger, Fünfziger.« Himmel, wie wollte der Kerl all das am Ende transportieren? Manchmal musste er sich beherrschen, nicht seine Meinung zu sagen, am Ende Tipps zu geben, dem Räuber noch zu helfen. Das wollte er nun gewiss nicht. Er gab den Wunsch weiter, dass der Fluchtwagen ein BMW zu sein habe.

Die Zeit verging. Durchs Telefon erreichten sie nichts als schlechte Nachrichten. Das Geld war nicht verfügbar. Kitzingen kam nicht nach mit dem Packen. Der BMW verspätete sich. Dazu die Vorschläge: aufgeben, es sich überlegen, alles konnte noch gut werden. Der Bankräuber solle an seine Kinder denken, er habe doch Kinder? Buddy Davis und Shorty versuchten, den Mann nicht anzusehen, als die Stimme aus dem Hörer das sagte. Buddy Davis schluckte, erwog, es auszusprechen: *Mensch, denken Sie doch an Ihre Kinder.* Schaute in Shortys Augen, die nichts auszudrücken wagten. Schwieg. Sie hatten es ohnehin alle gehört. Es war 19.30 Uhr.

»Ich bringe uns alle um!«, schrie der Räuber. »Ich erschieße alle, dich und mich.«

Die Zeit, die unklar vergangen, irgendwie stehen geblieben und dabei gerast war, bekam einen Riss. Ein Abgrund tat sich auf, und alle purzelten hinein. »Er bringt uns um«, rief Buddy Davis in den Hörer. Dann räusperte er sich. Die Zeit hielt wieder an, sein Herz klopfte, er holte Atem, dann wiederholte er ruhiger: »Er sagt, er will uns und sich töten.« Er traute sich, ein »Bitte« dazuzusetzen. Die Zeit ruckte an wie ein Zug, fand sich wieder in ihre rumpelnde Fahrt. Wie die Aussicht am Fenster zog an Buddy Davis' Augen der Beistelltisch vorbei, die Schreibmaschine, die Schreibtischlampe. Alle diese Dinge konnten gepackt, geschleudert werden, den Arm mit der Pistole beiseiteschlagen. Er könnte nachsetzen, den Mann überwältigen. Shorty schaute ihn an, seine feuchte Schläfe dreißig Zentimeter vom Lauf entfernt. Buddy Davis ließ den Zug der Zeit weiterfahren. Irgendwo war ein Hubschrauber zu hören.

Draußen endete der lange, lange Sommertag. Das Licht wurde golden, dann apricotfarben. Es dämmerte, als Buddy Davis aufgefordert wurde, aufzustehen und die Papiertüten zu nehmen, die Shorty gepackt hatte, 600.000 Dollar waren darin. Shorty hatte sie zählen müssen, weil das Teil seines Berufs war: Geld zählen, Geld auszahlen. Das und einer Waffe als Ziel dienen.

Er, Buddy Davis, sollte das Geld nehmen, hinausgehen, alles in den Fond des BMW legen, der dort stand, vermutlich angefüllt mit der Hitze des Tages. Die 800.000 aus den Harvey Barracks lagen angeblich bereits darin. Was für Zahlen. Was für ein unvorstellbares, absurdes Geschehen.

Er ging los, im Arm mehr Geld, als er je im Leben verdienen würde, im Rücken einen Pistolenlauf, von dem er sich entfernte, entfernte mit jedem Schritt. Er spürte die Abendluft auf seiner schweißfeuchten Haut. Die Sonne war untergegangen, der Horizont über den Hügeln war leer, die Dunkelheit zog herauf. Er ahnte in ihr die Läufe, die Zielfernrohre. Ich bin es, dachte er, Buddy. Kein Verbrecher, nur eine Stimme. Der Größere von uns beiden, deshalb verschont. Aber hier draußen kam er sich klein vor, noch viel kleiner als Shorty. Alles war still. Alles konnte geschehen.

Er machte ein paar vorsichtige Schritte. Zu seiner Überraschung konnte er gerade gehen. Noch immer geschah nichts. In der Bank, um ihn herum, blieb alles still. Er kam am Auto an. Einen Moment wusste er nicht, wie er die Tür öffnen sollte mit seinen vollgepackten Händen. Kasperltheater. Er stellte die Tüten ab. Als er sich aufrichtete, schaute er sich einen weiteren Moment lang um. Auf den Dächern konnte man Menschen ausmachen, nah und fern. Er glaubte, Fernrohre zu erkennen. Vielleicht waren das Neugierige, vielleicht aber auch Scharfschützen. Er stand im Kreuzfeuer unzähliger Blicke und war dankbar für die Uniform, die er trug.

Zwischen Lastwagen sah er Sam Wetzel, seinen Kommandeur, und glaubte ein Nicken wahrzunehmen, das ihm irgendetwas versprach. In der Bank war es immer noch still.

Buddy Davis legte das Geld auf die Rückbank. Er schloss die Autotür, vermied ein Knallen. Erneut sah er sich um. Er sah den Arm mit der Pistole nicht mehr. Er sah Shortys Augen nicht mehr. Vorsichtig wagte er einen Schritt fort von dem Gebäude, dann einen zweiten. Kein Ruf aus der Bank. Kein Kommando rief ihn zurück. Ein dritter Schritt, jetzt war er runter von der Straße, zwischen den parkenden Wagen, kein Ziel mehr. Er war frei.

»Oberfeldwebel Davis?«

Buddy Davis drehte sich um. Er wollte Haltung annehmen. Er wollte Meldung machen. Doch seine Stimme versagte.

Bundeskanzler Schmidt und Außenminister Genscher treffen zu einem zweitägigen Aufenthalt in Moskau ein, um die sowjetische Afghanistan-Intervention und den NATO-Doppelbeschluss zu erörtern.

Generalleutnant Robert Lewis Wetzel, Kommandant der 3. US-Infanteriedivision, akzeptierte. Er war in Korea gewesen, er war in

Vietnam eingesetzt. Er hatte NATO-Oberbefehlshaber Alexander Haig als Stabschef gedient, als die Hysterie um die Stationierung der russischen SS-20-Mittelstreckenraketen Wellen schlug. Er kannte sich mit schwierigen Situationen aus. Und er war alt genug, nicht auf heißblütigen Entscheidungen zu bestehen. Tatsächlich fühlte er sich gerade sehr alt. Etwas juckte, in seinem Gedächtnis und auf seiner Haut. Er berührte es nicht, nicht mit den Fingern und nicht in Gedanken. Aber es war da. Nächstes Jahr würde es als Krebs diagnostiziert werden. Man würde ihm nur noch Monate geben und in die Heimat versetzen, nachdem er den Ruhestand verweigert hatte. Ein weiteres Jahr später würde er wundersam genesen sein. Das mochte ein Hinweis auf die Eigenwilligkeit des Generalleutnants sein. Vielleicht auch nur auf seine Sturheit.

Wetzel versuchte, nicht an das Jucken zu denken. Ihn juckte nichts. Auch nicht beim Gedanken an die Deutschen, *the Germans*, ein Wort, bei dem viele seiner Kollegen noch immer einen seelischen Juckreiz bekamen. Die Deutschen – das war kein Volk mehr, das mit Waffengewalt aus diesem Fliegerhorst vertrieben werden musste, der einst den Nazis gehört hatte und um den drei Tage gekämpft worden war, bis er in alliierte Hände fiel. Diese Dinge hatten vor seiner Zeit stattgefunden. Sie waren auch kein Volk mehr, das er umzuerziehen hätte, mit Schokolade und musikalischen Nachmittagen, mit Ausflügen für Kinder, Vorträgen und amerikanischen Konsumwundern.

Sie waren auch keine Zaungäste, die, wie er es in den Gesichtern einiger seiner Untergebenen lesen konnte, sich aus amerikanischen Angelegenheiten gefälligst rauszuhalten hätten: Täter, Tatort, Opfer – alles waschechtes US-Amerika. Nur das Geld war deutsch.

Wetzel wusste, wie seine Leute das sahen: Dies war nach dem Krieg lange die Heimat der 1. US-Infanteriedivision gewesen, der Big Red One. Jetzt gehörten die Barracks der 3. Division. Und Deutsche hatten hier nur zur jährlichen Freundschaftswoche Anfang Mai etwas verloren, um amerikanische Eiscreme zu essen. Mit Waffen herumlaufen sollten sie schon gar nicht.

Aber die Deutschen waren vor Ort, die amerikanischen Spezialeinheiten dagegen ließen auf sich warten. Also sollte dieses SEK, wie es sich nannte, sein Glück versuchen. Sie würden seit München ja wohl dazugelernt haben. Viel zu viel Zeit war bereits vergangen. Seine Leute sicherten das Gelände, sie lagen im Gras und in den Erdbeerfeldern, hielten die Stellung; sie waren Soldaten. Aber auf Geiselbefreiung waren sie nicht spezialisiert. Er würde es sicher nicht zu einer Schlacht kommen lassen. Das hier war kein Krieg, auch nicht die Fortsetzung eines alten. John Leighton, der den Barracks ihren Namen gegeben hatte, war seit 1944 tot und begraben. Nein, das hier, im Jahr 1980, war ein schlichtes kleines Verbrechen, das die amerikanische Armee als Armee nichts anging, beschloss Wetzel und zähmte seine militärischen Instinkte. Seine rechte Hand zuckte. Doch er kratzte sich nicht.

Die Deutschen durften kommen.

Wetzel hatte mit seiner Einheit vor gar nicht so langer Zeit die Annual War Games gewonnen, die in Westdeutschland stattfanden. Er beschloss, das, was da draußen vor sich ging, ähnlich zu betrachten. Ein Spiel, das man gewinnen wollte, mit Sachkenntnis und Kaltblütigkeit. Er würde sehen, ob die Deutschen etwas davon besaßen.

Ein Trupp nahm einen Neubau ein, hundertdreißig Meter vom Zielobjekt entfernt, schätzte der Generalleutnant. Er fand das zu weit. Es beruhigte ihn zu erfahren, dass ein zweiter Stützpunkt angestrebt wurde. Die Diskussion wurde bilateral geführt. Man einigte sich auf einen Laster. Wetzel lächelte bei dem Gedanken, dass dies einige seiner Untergebenen erleichtern dürfte: Die SEK-Scharfschützen befanden sich nicht auf amerikanischem Boden, sie legten sich auf ein Autodach. Wetzel ließ es sich nicht nehmen, dass seine eigenen Leute das Fahrzeug in Position brachten. Fast lautlos schoben dreißig Mann den Laster vor das nahe gelegene Kino. In der Bank blieb es ruhig. Wetzel hielt es ebenso. Er ignorierte das Jucken, verschränkte zur Sicherheit die Arme, eine Haltung, die er verabscheute, und feilte im Geist an seiner Presseerklärung. An den Tod dachte er keine Sekunde.

Der Oberste Gerichtshof der USA bestätigt ein Urteil, wonach die Regierung für beschlagnahmtes Indianerland Entschädigung zahlen muss.

Melville Cochrane sagte sich, dass das einfach nur die Schwärze der Nacht war. Seine Augen wanderten zur Seite, um die Uhr abzulesen: nach Mitternacht, bald halb eins. Er schloss die Augen. Den Mann konnte er noch immer gut wahrnehmen. Er roch ihn, er spürte das Beben, das von ihm ausging. Er spürte die Hand auf seiner Schulter, dann den Arm, der ihn von hinten um den Hals packte. Er öffnete die Augen nicht. Blind gab er dem Druck nach und stolperte vor dem Mann her. Dass es zur Tür ging, zum Ausgang, die Stufen hinunter, auf die Straße – das fühlte er, ohne es zu sehen. Er wollte nichts sehen. Er wünschte, er würde auch nichts hören. In seinem Kopf war nichts als Geschrei: *Ich bring uns alle um!* In seinem ganzen Leben wollte er nie wieder eine Stimme hören.

Der fremde Atem, dicht über seinem Ohr, der fremde Pulsschlag in seinem Rücken, der Gestank von Angst, das Einzige, was er wahrnahm, sein Kosmos.

»Ich komm jetzt raus!«

Melville Cochran konzentrierte sich auf seine Schritte, glatter Boden drinnen, Asphalt draußen, Stufen. Er konnte nicht umhin, die Wärme des Sonnentags durch seine Fußsohlen zu spüren, die sich in der Straße gespeichert hatte. Von den Wiesen kam Nachtfrische und Feuchtigkeit. Er wollte auch das nicht wahrnehmen. Bei dem Gedanken an Wiesen hätte er sonst weinen müssen.

Er verdrängte die Frage, wer ihnen zusah, wie er wohl wirken mochte, diese Gliederpuppe in den Armen des Mannes, der über ihm aufragte, bald zwanzig Zentimeter größer als er selbst. Shorty – er wusste, dass sie ihn so nannten. Ein Teil von ihm nahm es übel, meist lachte er. Da endeten die Bilder. Kein Leben, das an ihm vorbeizog, kein letzter Film.

Wärme, Wiesen, eine Luft wie Seide – er hielt die Augen geschlossen.

Gänsehaut überzog die Nacht und seine Arme. Irgendetwas war zu fest gespannt und musste bald reißen. Dann ein Aufprall, nach hinten, zur Seite, es schleuderte ihn herum, durch einen Spalt in der Zeit, in den Abgrund. Er brauchte die Augen nicht zu öffnen für diesen Sturz. Dankbar sank er in die Dunkelheit.

Die drei Schüsse, die den Mann in Kopf und Hals trafen, hörte er nicht. Auch nicht das Geschrei, das ringsum losbrach, das Stiefeltrappeln, die Kommandos. Er spürte das Blut des anderen nicht auf sich, nicht den Aufschlag auf dem Boden. Doch er spürte noch im Traum: Das fremde Atmen, das ihn festhielt und bestimmte, es hatte aufgehört.

Die Bundesrepublik Deutschland und Kiribati nehmen diplomatische Beziehungen auf.

FENSTERSTURZ

DER TOD DES NAPOLEONISCHEN MARSCHALLS LOUIS-ALEXANDRE BERTHIER IN BAMBERG 1815

Bamberg, Elisabethkirche, 2. Juni 1815

Erwartungsvoll schaut Polizeidirektor Schauer den Arzt an. Die Hände, hinter dem Rücken verschränkt, zupfen unauffällig an den Litzen seines Knierocks. Sonst hält er sich sehr gerade.

Der Arzt wäscht sich das Blut von den Händen. Sorgfältig achtet er darauf, die weiten, zurückgekrempelten Ärmel und die Spitzenmanschetten nicht zu beschmutzen. Er nickt der Magd des Pfarrers zu, die mit einem Tuch neben dem Handbecken bereitsteht.

»Zerschmettert«, sagt er dabei, und seine Stimme ist ganz ruhig, »vollständig zerschmettert.« Er hebt den Kopf und erwidert endlich den Blick Schauers. »Wie nicht anders zu erwarten bei einem Sturz aus dem oberen Stockwerk. Wie viele Fuß sind das, bald dreißig?«

Der Polizeidirektor antwortet nicht, doch scheint er zu rechnen. Er ist ein Mann, der viel zu berechnen hat in diesen Tagen. Der verbannte Kaiser der Franzosen, Napoleon Bonaparte, ist aus dem Exil auf Elba zurückgekehrt, um Europa neuerdings mit Krieg zu überziehen. Bamberg ist nur eine kleine Stadt in der Provinz. Aber das politische Beben ist bis hierher zu spüren. Möglicherweise hat es sogar diesen Toten hier aus seinem Fenster vor ihre Füße geworfen. Vor seine, Schauers Füße. Und er wird sich jeden Schritt gut überlegen müssen.

Dr. Pfeufer gehen diese Berechnungen nichts an. Er greift nach dem Handtuch. Er hat viel gesehen in den letzten Jahren; seit Europa sich in wechselnden Koalitionen mit Napoleon bekriegte, die Heere von West nach Ost strömten, von Nord nach Süd und wieder zurück und deren Verwundete in ihrem Gefolge alle Spitäler und Lazarette fluteten, sodass man ihrer kaum noch Herr wurde und sie wie Waren herumschiffte. Er hat Gliedmaßen gestapelt, er ist in Blut und Eingeweiden gewatet, er hat sie schreien hören in allen Sprachen, Französisch, Russisch, Englisch, Kroatisch, Böhmisch, Schwedisch, Österreichisch – und nicht zuletzt in der Sprache der eigenen Leute, Opfer all der großen Schlachten, Opfer der täglichen Übergriffe fremder Truppen, die die Dörfer und Kirchen ringsum geplündert haben. Die Region ist nicht verschont worden; manche Gemeinden, Strullendorf etwa, wurden komplett zerstört.

Fünfzehn Jahre ist es erst her, dass die Stadt Bamberg geteilt war. Französische Truppen hatten die Bergseite besetzt, kaiserliche Husaren die Uferseite. Alles nur, weil irgendein Waffenstillstand, irgendein Friedensvertrag, der nur zu bald wieder gebrochen wurde, eine Linie gezogen hatte, die mitten durch seine Heimatstadt führte. Er weiß es noch: An der Oberen Brücke hatten sie einander gegenübergelegen. Die zweifachen Kontrollen, wenn man hinüberwollte, dieses Kribbeln im Rückgrat, wenn man an den Wachen, den Waffen vorbeimusste. Eine Weile hatten sie wohl sogar erwogen, alle Brücken über die Regnitz einzureißen. Ein Wunder, dass die Stadtoberen das durch zähes Verhandeln verhindern konnten. Ein Wunder, dass nicht mehr geschehen ist. Dass sie alle noch leben.

Was ist dagegen ein toter französischer Offizier, der aus einem Fenster fiel, selbst wenn er ein Marschall war. Der Arzt gibt das Handtuch zurück. »Immerhin ist es schnell vorbei gewesen.«

Der Polizeidirektor schüttelt den Kopf. »Es gibt Zeugen, die haben ihn schreien hören.«

Dr. Pfeufer hebt eine Braue.

»Unbescholtene Bürger, die auf der Ludwigstraße unter der Neuen Residenz entlanggingen«, erläutert der Polizeidirektor. Er sagt es mehr für sich selbst, um seine Gedanken zu ordnen. »Sie kamen von der Parade, wollten die Russen von Korffs Kavallerie-Division sehen.«

»Als ob wir nicht schon genug Uniformen gesehen hätten in den letzten Jahren«, sagt der Arzt und bereut es, als er das Gesicht des Polizeidirektors sieht. Der ist ein Diener der Macht, und die Macht schmückt sich nun mal mit Uniformen. Schnell fügt Dr. Pfeufer hinzu: »Nun, möglicherweise hielt der Tote ebenfalls nach den russischen Soldaten Ausschau.« Er sagt nicht: Weil sie nach Westen zogen, um gegen sein Land zu kämpfen, gegen seinen Kaiser, den Mann, mit dem er einst gemeinsam Europa erobert hat. Der Polizeidirektor weiß das selbst nur zu gut.

Jeder in Bamberg weiß, wer Berthier war, Louis-Alexandre Berthier, Fürst von Wagram, Schwiegersohn des Herzogs Wilhelm in Bayern, einst Generalstabschef Napoleons, Helfer bei all seinen Siegen, Unterhändler bei Königen für seinen Herrn. Den er, wie alle anderen Generäle, am Ende verriet, um sich dem neuen Herren Frankreichs zuzuwenden: Ludwig XVIII. Ob er den Verrat bereut hat? Mit welchen Gefühlen wohl hat er zugesehen, wie sich in Bamberg – wie überall auf dem Kontinent – die Streitmacht sammelt, die auszieht, um den zurückgekehrten Napoleon ein letztes Mal zu schlagen?

Auch der Polizeidirektor scheint es nicht zu wissen. »Er soll gerufen haben: ›Ma pauvre patrie‹.« *Meine arme Heimat.* Immerhin rief er nicht: Mein armer Kaiser. Gegen Heimatliebe ist nichts zu sagen. Dennoch: Der Polizeidirektor vermerkt eine gewisse Ambivalenz.

Unter Murmeln und Diskutieren drängt da eine Gruppe Männer aus der Kapelle, in der der Arzt die letzte Untersuchung vorgenommen hat; kaum ein Honoratior hat es sich nehmen lassen, dem

Marschall Berthier bei diesem letzten Termin Gesellschaft zu leisten; immerhin war er ein Kriegsheld, Teil einer Legende; und ein Verwandter des bayerischen Königs, wenn auch nur angeheiratet.

Sein Schwiegervater, Herzog Wilhelm, ist da; ihn grüßen Arzt und Polizeidirektor mit einer Verneigung. Aber der Mann drückt nur überwältigt ein Spitzentaschentuch an seine Lippen und geht hinaus.

Nach ihm verabschiedet sich mit flüchtigem Nicken der General Fürst Fabian Gottlieb von der Osten-Sacken, ein schöner Mann mit weißer Mähne und ein wenig zu roten Wangen. Ihm folgen einige weitere Offiziere des Zaren, die derzeit in Bamberg Quartier genommen haben, um den Durchmarsch ihrer Truppen zu organisieren.

Der Polizeidirektor weiß: Vorgestern erst hat Berthiers Schwiegervater ein Bankett für all diese Herren gegeben; früher hätte er es für seinen berühmten Schwiegersohn ausgerichtet, zweifellos, jetzt waren die Offiziere des Zaren die Ehrengäste, diese neuen Verbündeten Bayerns. Polizeidirektor Schauer ist nicht dabei gewesen; er ist nicht von Adel und verkehrt nicht in der Residenz. Aber er hat seine Spitzel, und die haben sagen hören, von der Osten-Sacken habe es unternommen, Berthier dazu zu gratulieren, dass er einer der wenigen Generäle sei, die dem französischen König nach der Rückkehr Napoleons die Treue hielten. Man hat dem Polizeidirektor berichtet, dass Berthier darüber verlegen erschien.

Verlegen, denkt Schauer, verlegen, ein Mann von Berthiers Statur, groß, stattlich, mit grobkrausem Haar und scharfen, aber glutvollen Gesichtszügen, den niemand für etwas anderes halten würde als für einen Soldaten, der zweimal im Feld verwundet worden ist. Der mit gekrönten Häuptern verhandelt hat. Er erschien also verlegen.

Dr. Pfeufer neigt sich seitlich zu Schauer, während die Offiziere hinausgehen; ihre Schritte hallen durch den Kirchenraum draußen. Aus dem Mundwinkel flüstert er: »Fast jeder von denen hat sich etwas mitgenommen: ein Haarbüschel, ein Stück Schädelknochen. Reliquien.« Er zuckt mit den Schultern und fährt, als sie alleine sind, lauter fort: »An eine öffentliche Aufbahrung war ohnehin nicht zu denken; vom Gesicht ist nichts mehr übrig.« Der Arzt beginnt, seine Instrumente in die Tasche zu packen.

Der Polizeidirektor ist kein Poet. Aber Berthier hat das Gesicht verloren; sogar Schauer begreift die doppelte Bedeutung. Hat der Marschall das selbst auch so gesehen? Hat er sich dafür geschämt, dass er von Napoleon zu den Bourbonen überlief? Wollte er es gar rückgängig machen? Auf welcher Seite stand er am Ende? Das ist die große Frage, denkt Schauer. Der König von Bayern hat Berthier jedenfalls nicht vertraut. Schauer weiß das genau, denn ihm war ja aufgetragen worden, dafür zu sorgen, dass der Marschall Bamberg nicht verließ. Die königliche Order war eindeutig: Mit allen Mitteln galt es zu verhindern, dass Berthier wieder nach Frankreich fuhr. Denn wozu sollte er das tun, wenn nicht, um sich dem zurückgekehrten Bonaparte wieder anzuschließen?

Schauer hat Berthier überwachen lassen, Tag und Nacht, jeden Schritt außerhalb des Hauses. Alle Postmeister der Gegend waren angewiesen, ihn nicht passieren zu lassen, Pferde sollten ihm verweigert werden. Kutschen wurden seinetwegen aufgehalten und examiniert. Berthier hätte ihm nicht entkommen dürfen. Und jetzt ist er ihm so endgültig entschlüpft. Und dann sind da noch die Zeugen. Die nicht nur etwas gehört haben wollten, sondern auch etwas gesehen. Schauer findet, er hat mehr als einen Grund, nervös zu sein. Und vorsichtig.

Plötzlich kommt ihm ein schrecklicher Verdacht: »Ist er es denn auch?«, fragt er.

Dr. Pfeufer schüttelt den Kopf. »Er ist es gewiss. Kleidung, Gestalt. Die Zeugen aus seinem Haushalt. Seine Frau hat seine Hand gehalten.«

Sofort platzt es aus Schauer heraus: »Was hat sie gesagt?«

Der Arzt erwidert diese Frage nur mit einem erstaunten Blick. Schauer tadelt sich. Es gibt Wichtigeres als eine Gemahlin, und sei sie von königlichem Blut. Sie ist dreißig Jahre jünger als der Marschall; er hatte sie auf Geheiß seines Dienstherren geheiratet, drei Kinder gezeugt; es ist unwahrscheinlich, dass sie in Pläne eingeweiht war, so es Pläne gab.

»Diese Zeugen«, beginnt Schauer stattdessen neu. Und stockt auch schon. Für den Sturz gibt es Zeugen, gewiss, den braven Lehrer Fleischmann, der von Hirn und Knochen zu berichten weiß. Hat er aber nichts von den sechs Männern gesehen, von denen allenthalben gemunkelt wird, Maskierte, die den Marschall bedrängt und aus dem Fenster geworfen haben sollen? Wer hat das behauptet? Wer hat es gesehen? Ist es geschehen? Wie ließe sich das feststellen? Schauer beschließt, dem Arzt, der ihn ratlos ansieht, nichts davon zu sagen. Zu heikel ist die Geschichte. Er flüchtet sich in Floskeln. »Er war ein großer Mann«, sagt er.

»Das müssen andere beurteilen.« Der Arzt lässt die Verschlüsse seiner Tasche schnappen. »Für mich misst er exakt 1 Meter 82.«

Schauer lächelt säuerlich. »Ich meine damit«, sagt er, »am Ende ist er doch einer der unseren gewesen. Denke ich.«

»Am Ende?«, gibt der Arzt zurück. Er spürt die Absicht, die Falle, und er hat nicht vor, hineinzutappen. Vor Jahren noch hat die Stadt dem durchziehenden Napoleon einen hölzernen Triumphbogen am Oberen Kaulberger Tor aufstellen lassen. Hat Geld gesammelt, Handwerker angestellt, Fuhrwagen ausgesandt, das Holz in den Gemeinden einzubringen auf Rechnung des Rates. Vermögende Bürger haben gespendet. Dr. Pfeufer lächelt freudlos. Er weiß noch, wie enttäuscht man war, dass der Kaiser es zu eilig hatte, ins ferne Russland zu kommen zu seinem Feldzug gen Moskau, um die Geste angemessen zu würdigen. Man weiß nicht, ob er den Bogen überhaupt bemerkt hat.

Dann wechselte Bayern die Seiten und mit ihm Bamberg. Und jetzt ist vom selben Mann als einem Ungeheuer die Rede, das die Ruhe der Welt stört. Dr. Pfeufer weiß, dass alle sich fragen, wo Berthier stand. Alle, die selbst so eilfertig die Seiten gewechselt haben, schielen heute höchst argwöhnisch danach, wo jedermann steht. Das wird die neue Mode werden, fürchtet Dr. Pfeufer. Was ihn angeht: Er steht auf der Seite seiner Patienten. Solange er ihnen helfen kann. »Am Ende ist er wahrlich angekommen, der Marschall«, sagt er nun und meint damit, man soll es gut sein lassen. Nimmt die Tasche, nimmt den Hut. »Für mich gibt es hier keine Aufgaben mehr, will mir scheinen.«

Schauer streckt die Hand aus, um ihn aufzuhalten. Er muss nachdenken, muss schnell denken. Wenn es diese Maskierten gibt: Seine Männer sind es nicht gewesen, dafür kann er bürgen; die Königlich-Bayerische Gendarmerie hat damit nichts zu tun. Sie sollte Berthier überwachen, nichts weiter. Und fast ist Schauer sich sicher, dass auch die Landesdirektion unschuldig ist, jene neue Institution, die eingesetzt wurde, als der Fürstbischof von Bamberg zusammen mit der Fürstenwürde seine weltliche Herrschaft abgab. Sie ging an den Kurfürsten von Bayern, der bald darauf König wurde, ein unglaublicher Vorgang, mit dem Bamberg säkular wurde, Bayern sich in eine Monarchie verwandelte und mit dem eine neue Zeit anbrach. Erst gut zwölf Jahre ist das her. Wieder ist es Napoleon gewesen, der all das bewirkt hat, seine Siege, seine Verträge haben die Landkarte verändert. Das Fürstbistum war Bonapartes Belohnung für einen Verbündeten gewesen, ebenso wie die Königswürde, fette Happen. Er selbst, Schauer, ist ein Kind der neuen Zeit. Er dient ihr mit Hingabe und Genauigkeit. Besser könnte er ihr dienen, wenn er verstünde, was vorgeht.

Hat jemand Berthiers Tod in Auftrag gegeben? Hat am Ende – Schauer hält den Atem an beim Denken –, hat König Max selbst Berthier eliminieren lassen, um ganz sicherzugehen, dass dieser sich nicht absetzt? Hat er ihn, Schauer, offiziell damit beauftragt, den Marschall zu bewachen, und zugleich an anderer Stelle einen weniger offiziellen Auftrag erteilt?

Berthier war Napoleons Liebling gewesen, der Mann, der seinen Generalstab organisierte, der die Befehle des Kaisers weitergab an seine Generäle, seine Offiziere; und man sagt, dass er es wie kein anderer verstanden habe, die Gedanken des Kaisers so zu formulieren, dass jeder sie begriff und befolgte. Schauer ist nur ein Provinzbeamter, er versteht wenig von solchen Dingen, aber er hat sagen hören, dass der Kaiser ohne Berthier nicht siegen könne, wie er es gewohnt ist.

Deshalb war es dem bayerischen König ja so wichtig, dass Berthier in Bamberg blieb. Dass er nicht flüchtete, um zu seinem Kaiser zu stoßen und dessen Kriegsglück zu erneuern. Jetzt, da König Max nicht mehr auf Napoleons Seite steht.

Sicher, Berthier hatte sich dem neuen König von Frankreich, Ludwig XVIII., zur Verfügung gestellt. Böse Zungen kolportieren sogar, er habe es getan, noch *ehe* Napoleon seine Abdankung unterzeichnete; und dass er Ludwig gegenüber *sehr* zuvorkommend gewesen sei. Aber alle anderen französischen Marschälle hatten das Gleiche getan. Und alle waren, als Napoleon zurückkam, wieder zu ihrem alten Herrn übergelaufen. Am Ende auch Berthier? Sicher, er hatte Ludwig XVIII. treu auf seiner Flucht aus Paris bis Gent begleitet und sich dann Urlaub genommen, angeblich, um seiner Familie nach Bamberg zu folgen. Das sah unverdächtig aus. Aber es gibt Quellen, die sagen, dass Berthier in Wahrheit unehrenhaft beurlaubt worden war, weil er einen Brief von Napoleon erhalten und es verborgen hatte. Es heißt, Berthier sei fortgeschickt und aus der Liste der französischen Marschälle gestrichen worden. Schauer kann das nicht überprüfen. Aber für möglich hält er es.

Warum, wenn er nicht auf Verrat sann, ist Berthier erst nach Bamberg gekommen zu seiner Familie, nur um wenige Tage später einen Pass zu beantragen und nach Frankreich zurückzukehren? Wirklich nur, um nach seinen Gütern zu sehen, wie er angab? Oder wartete der Adler aus Elba auf ihn? Was hatte Berthier geplant?

Dr. Pfeufer steht da und will gehen. Für ihn ist alles vorbei. Aber nicht für Schauer, der über die Maskierten nachdenken muss. Gibt es sie? Und wenn ja, wer hat sie gesandt? Sein eigener Dienstherr? Am Ende wäre er ein Narr, dem Hinweis nachzugehen, arbeitete damit gegen den erklärten Wunsch seines Königs – und grübe sich sein eigenes Grab.

Oder ist es vielmehr seine Aufgabe, diese Spur zu verfolgen? Weil es womöglich der lange, noch immer lange Arm des Franzosenkaisers ist, der Berthier gefällt hat? Schauer überlegt fieberhaft: Napoleon hat seine Spione in ganz Europa. Sie haben ihn über alles auf dem Laufenden gehalten, als er auf Elba im Exil saß. Sie wussten sicher auch, wohin Berthier, der ungetreue Marschall, geflüchtet war. Hat Napoleon seinen alten Vertrauten, seinen meistgeliebten Freund, seinen Generalstabschef, hinrichten lassen? Aber warum? Aus Enttäuschung? Oder als Signal an alle die, die nicht zu ihm zurückgekehrt sind, damit sie sich besinnen? Dann wäre es seine, Schauers, Pflicht, die Schuldigen zu ergreifen und der Welt damit zu zeigen, dass die Allmacht Napoleons gebrochen und die Fäden seines Netzes zerrissen sind.

»Gab es«, beginnt er vorsichtig, »gab es irgendwelche weiteren Verletzungen?«

Der Arzt, den Hut in der Hand, versteht ihn beängstigend schnell, findet Schauer, denn er dreht sich ihm noch einmal voll zu und antwortet: »Solche, die nicht durch den Sturz erklärbar wären?«

Sie schweigen beide einen Moment. Dann sagt Dr. Pfeufer nur: »Nein.«

Das muss nichts besagen, überlegt Schauer. Wenn es wirklich sechs gewesen sind, wenn sie Berthier, der immerhin über sechzig war und ein Veteran mit mehreren alten Wunden, wenn sie ihn bedrängt hätten, ein wenig geschubst ... das hätte wohl kaum Spuren hinterlassen.

Der Arzt schweigt. Nur seinen Hut klopft er gegen das Bein. Schauer verdrängt das Geräusch. Er wird am Ort des Geschehens nachsehen müssen: Wie hoch ist der Fensterstock? Gibt es Hocker, umgestürzte Möbel, Anzeichen eines Kampfes? Und auch von unten sollte er sich die Sache betrachten: Wer hätte das Fenster einsehen und wie viel hätte er erkennen können? Er muss diese Zeugen finden. Er muss die Gerüchte zum Verstummen bringen. Vor allem, wenn sie wahr sind. Europa steht an einem Abgrund und starrt in die Tiefe. In wenigen Tagen würde alles entschieden sein: Krieg oder Frieden. Napoleon oder der Bourbonenkönig. Zwei unterschiedliche Zukünfte für den Kontinent. Was würde aus ihm werden? Das alles ist zu groß für einen kleinen Beamten wie ihn.

Er zuckt zusammen, als die Hand des Arztes sich auf seine Schulter legt.

»Berthier war ein kranker Mann«, sagt Dr. Pfeufer. »Er klagte über Magenbeschwerden. Über Schwindel auch und Kopfweh. Und ein Kollege war konsultiert worden wegen der Frage einer Gemütserkrankung.« Er hält inne.

Der Polizeidirektor hebt nur die Brauen.

»Nichts«, fährt Dr. Pfeufer auf diese geringe Aufforderung hin fort. »Der Kollege hielt ihn für seelisch durchaus gesund. Aber natürlich ...«

»Ihr meint, es könnte ein Selbstmord gewesen sein?« Schauer denkt an den angeblichen Ausruf »Ma pauvre patrie«. Hatte der Anblick all der russischen Einheiten, die Bamberg überschwemmten, um nach Westen zu ziehen, den General melancholisch gemacht?

»Oder ein Unfall«, meint der Arzt.

»Der Mann hat in Ägypten gekämpft«, sagt Schauer. »Er hat Moskau brennen sehen. Er wurde in Marengo verwundet und später noch einmal, ich glaube, bei Austerlitz.«

»Ich habe die Narben gesehen.« Der Arzt gähnt. Er hat so viel gesehen in diesen Jahren. »Dennoch könnte es am Ende ein Hocker gewesen sein, über den er stolperte. Oder ein leichter Schwindel.«

Ein Hocker oder ein Schwindel! So etwas Banales sollte den Mann gefällt haben, der den Papst in Rom als Gefangenen weggeführt hat und die österreichische Kaisertochter als Braut nach Paris holte? Schauer scheint das beinahe unmöglich. Ein Kaiser und ein König wünschten ihn an ihrer Seite. Ein Kaiser und ein König wünschten ihn womöglich zum Teufel. Wenn er nur einen Brief fände. Wenn er Gewissheit hätte.

»Wenn ich nur wüsste, was in Berthiers Kopf vorging«, murmelt Schauer, ohne es wirklich zu bemerken.

Dr. Pfeufer lacht. »Sein Kopf steht offen«, sagt er. »Ihr könnt hineinsehen.« Damit geht er und lässt den Polizeidirektor mit seinen Gedanken zurück.

Der erste Umriss eines Berichts zeichnet sich ab, den Schauer wenig später in seiner Amtsstube diktiert: »Soeben, nach Mittag um 1 Uhr 10 Minuten, stürzte der Fürst von Wagram aus der dritten Etage der hiesigen Residenz auf das Pflaster in der Ludwigstraße und zerschmetterte sich das Gehirn. Von einem Vertrauten auf der Stelle hiervon unterrichtet, ließ ich den entseelten Leichnam in die Kapelle nächst dem Pfarrhofe der vierten Distrikteskirche absetzen. Es entsprach dies dem Wunsche des Herzogs in Bayern.« Hier macht Schauer eine Pause, ehe er fortfährt. »Aller Vermutung nach wollte er aus dem Fenster seiner Kinder, welche eben abgegangen waren, um spazieren zu fahren, den Durchgang einer russischen Dragonerbrigade beobachten und fiel, vom Schwindel ergriffen. Noch im Fallen hörte man ihn um Hilfe rufen; sein Gehirn spritzte über 6 Schuh hoch und klebte ringsherum an den Mauern.«

Das wäre die Version für den Minister. Die für das Appellationsgericht würde ein wenig kürzer ausfallen. Und über alles Weitere würde er vorerst schweigen.

Bamberg, Dom, 5. Juni 1815

Herzogin Maria Elisabeth von Bayern-Birkenfeld sitzt mit gesenktem Kopf im Kirchenschiff des Domes und lässt die Orgelmusik über sich hinwegbrausen. Der Witwenschleier über ihren aufgetufften Locken erspart es ihr, der Welt ihr Gesicht zu zeigen. Es ist ohnehin nie von Belang gewesen, dieses Gesicht, ein wenig zu länglich, mit langer Nase und einem fleischigen Kinn, das schon jetzt, am Beginn ihrer Dreißiger, sich zu doppeln beginnt. Gewohnheitsmäßig reckt sie den Hals. Aber all das spielt keine Rolle mehr, hat nie eine gespielt. Ihr Wert wird durch ihre Herkunft gewogen. Einst war sie als Braut für den Kaiser im Gespräch, Franz II. von Österreich. Dann ist es nur ein Marschall geworden, dessen Fürstentitel so frisch war wie der Kaisertitel seines Dienstherren Napoleon. Aber ruhmreich, überschüttet mit Gunst und Geschenken. Sie brachte die Verwandtschaft zum bayerischen Königshaus mit in die Beziehung. Als Paar waren sie perfekt. Sie und Alexandre, der so groß war, seine Nase so adlerhaft, seine Augen so dunkel, herrisch, ein wenig südlich dabei – manchmal kam er sehr braun gebrannt zu ihr zurück. Er ist nie unfreundlich zu ihr gewesen.

Was hatte ihre Mutter immer gesagt: Man hängt sein Herz nicht an Männer. Männer sind nur Symbole für Ehre und Stand.

Manchmal, wenn sie mit Alexandre gefrühstückt hat, wenn er am weit entfernten anderen Kopfende des Tisches saß und die Bediensteten zwischen ihnen wuselten, hat sie heimlich gedacht, dass es aber doch ein Glück war, ein so gut aussehendes Symbol sein eigen zu nennen.

Maria Elisabeth wirft einen Blick nach links zu ihrem Sohn, dessen Beine von dem gepolsterten Sessel baumeln, den man ihm wie der übrigen Familie in den Chorraum gestellt hat. Rasch streicht sie über seinen kinderblonden Scheitel. Mit seinen fünf Jahren ist er nun Fürst von Wagram. Und trägt die Last seiner Vornamen: Napoléon Alexandre. Der eine erneut auf dem Kriegspfad, der andere dort vorne in seinem Sarg.

Maria Elisabeth wirft noch rasch einen Blick auf ihre Tochter, die dreijährige Caroline Joséphine, die von einer Kammerfrau beaufsichtigt wird und mit ratloser Neugier um sich schaut, auf die bunten Fenster, die Kerzen. Sie will singen, aber die Kammerfrau flüstert mit ihr, und sie wird still. Maria Elisabeth setzt sich bequemer hin. Sie legt die Hand über den Leib, dessen beginnende Schwere man unter der taillenlosen Empire-Robe nicht bemerkt, und fühlt nach dem Kind, das als Waise zur Welt kommen wird. Es wird andere Namen erhalten müssen; vielleicht etwas Russisches oder Preußisches; Preußen ist jetzt im Schwange.

Sie vermisst Paris. Die Hauptstadt der Welt, mit nichts zu vergleichen. Dort war sie nicht die blasse kleine Tochter eines Herzogs ohne eigene Ländereien, dort war sie die Gattin eines der schillerndsten Männer dieser Zeit.

Alexandre; es macht ihr Mühe, den Vornamen auch nur zu denken. Ihre Mutter hat ihr einst geraten, an den Mann, den sie einmal heiraten würde, am besten immer mit dem vollen Namen und Titel zu denken. So komme es nicht zu Missverständnissen, nicht zu Gefühlen, die zu nichts führten und die nicht nötig waren. Alexandre. Er war der ihr von Napoleon und ihrer Familie zugedachte Weg, die Verpflichtung, auf die ihre Erziehung sie vorbereitet hat. Er ist seinem Teil dieser Verpflichtungen nachgekommen wie sie dem ihren. Er hat ihr ein standesgemäßes Heim geboten. Und sie ist sich seiner Treue beinahe sicher gewesen, auf jeden Fall seiner Diskretion. Sie ist sicher, er hat sie geachtet.

Zwar schickte er ihr keine leidenschaftlichen Briefe aus dem Feld, wie Bonaparte das machte, nach allem, was man so hörte. Die Kaiserin Joséphine soll Botschaften erhalten haben, über deren Wiedergabe die klatschenden Hofdamen in Paris rot wurden bis an die hochgeschnürten Brüste. Nein, so schrieb Alexandre nie an sie. Und als sie sich einmal so weit vergaß, ihn um eine Locke zum Abschied zu bitten, da lachte er und küsste sie auf die Wange. Sie sagt sich, dass das ein Zeichen für die Achtung war, die er für sie empfand.

Das muss sie ihm anrechnen.

Früher, ja. Früher hat Alexandre als feurig Liebender gegolten. Aber das war vor ihrer Zeit.

Maria Elisabeth beißt sich auf die Lippen und ist erneut dankbar für den Schleier. Die Musik verstummt, und der Bischof tritt vor für die Predigt. Sie hat die Gerüchte gehört in den Salons von Paris. Eine Marchesa aus Mailand, eine alte Geschichte aus der Zeit des Italien-Feldzugs. Giuseppa. Unwillkürlich versteift sich ihre Haltung. Sie hat das Bildnis der anderen gesehen, gemalt von François Gérard: Sie sind einander gar nicht so unähnlich, die Marchesa und sie. Beide haben sie dunkle Locken, dunkle Augen, sind ein eher herber Typ. Aber natürlich: Die andere besitzt ein Herzgesicht, schwere Lider, glutvolle Blicke, das Kinn – nicht darüber nachdenken. Eine Italienerin eben. Es hieß in Paris, auf dem Ägypten-Feldzug, da habe ihr Gatte einen Altar bei sich gehabt, den er allabendlich aufbaute, gleich, ob er in einem Zelt hauste oder in einem Palast. Der Altar enthielt ein Brustbild der Angebeteten, einen Armreif, eine Kerze, die er jeden Abend entzündete, während er den Namen der Angebeteten aussprach.

Maria Elisabeth versucht noch immer, es sich vorzustellen, ihr Alexandre, der eine Kerze anzündet. Doch was half es ihm? Die Schöne war verheiratet. Und als sie dann Witwe wurde, da war Alexandre just ihr, Maria Elisabeth, angetraut worden.

Maria Elisabeth glaubt, sich an den Tag erinnern zu können, als Alexandre die Nachricht vom Tode des Marquis Visconti erhielt. Er war zufällig bei ihr und ihrem Erstgeborenen, seinem Erben, dem Siegel auf ihrer Beziehung. Sie hat das Kind in den Armen gehalten und gedacht: Ich bin in Sicherheit. Alexandre hat einen langen Spaziergang gemacht. Sie hat ihm aus dem Fenster nachgesehen, so lange sie konnte, ihn wenigstens mit den Augen berührend.

Der Bischof kommt zum Glaubensbekenntnis. Maria Elisabeth reißt sich zusammen und murmelt es mit, sich bekreuzigend an den richtigen Stellen. Irgendwann setzen die Glocken ein, und es ist vorbei. Sie steht auf wie eine Schlafwandlerin. Ihr Vater nimmt sie am Arm. Wenn er stehen bleibt, bleibt sie stehen, wenn er geht, schreitet auch sie weiter. Es dauert einen Moment, bis sie die Stimme wahrnimmt. Sie gehört ihrem Vater, der sich aus einem Gespräch löst, auf das sie nicht geachtet hat: »Der Herr Polizeidirektor wird uns in die Residenz begleiten. Es geht um geschäftliche Dinge aus dem Nachlass deines Gatten. Briefe. Aufzeichnungen.«

Maria Elisabeth kommt gerade weit genug zu sich, um über ihren Vater ausrichten zu lassen, der Polizeidirektor möge in einer Stunde vorsprechen. Sie benötige einen Moment der Ruhe. Hinter ihnen braust noch immer die Orgel. Sie sieht, dass der Polizeidirektor sich verneigt, ehe er zustimmt. Sie ist eine Wittelsbacher. Sie ist die Nichte des Königs dieses Landes. Maria Elisabeth hebt den Kopf und verlangt nach ihren Kindern. Von ihnen flankiert schreitet sie über den Domplatz.

Kaum daheim, stürzt sie in die Gemächer ihres Mannes. Sie durchwühlt alles, öffnet Kästen, Truhen, selbst das geheime Fach in seinem Schreibtisch, von dem Alexandre dachte, sie wisse nichts davon. Es ist kinderleicht, den Mechanismus mit einer starken Silbernadel zu öffnen; in ihrer Schmuckschatulle findet sich dergleichen zuhauf. Wie eine Furie hantiert sie, während die Diener erschrocken aus dem Zimmer fliehen. Maria Elisabeth ist gründlich, selbst die Säume seiner Mäntel tastet sie ab. Sie ist zu müde für Scham, zu aufgebracht. Zu lange hat sie das mit sich herumgeschleppt. Alexandre ist tot – nur vor ihm hätte sie sich rechtfertigen müssen.

Am Ende sitzt sie da, außer Atem, inmitten von Papier, das sie jetzt, mit erloschenem Enthusiasmus, wieder zurücklegt. Das meiste sind Briefe, bloß Schriftkram, gerichtet an irgendwelche Menschen. Manche Namen kennt sie, andere nicht. Alle sind ihr gleichgültig. Wichtig ist nur: Der Name Giuseppa findet sich nicht darunter.

»Was tust du da?«

Maria Elisabeth fährt herum. Es ist ihr Vater. Sie sieht, dass er mit einem Blick die Situation erfasst. Ertappt wie ein diebischer Dienstbote.

»Ich habe nur ...« Sie überlegt, wie sie ihre unehrenhafte Neugier rechtfertigen könnte. »Ich habe nach Briefen von mir gesucht. Ich will nicht, dass diese Beamten lesen, was ich meinem Gatten an Herzenszärtlichkeiten schrieb.«

»Ich habe auch nach seinem Tagebuch gesucht«, gibt sie zu, als ihr Vater nicht geht. »Ich ... ich bin der Ansicht, was dort steht, geht niemanden etwas an.«

Endlich wagt sie, ihrem Vater ins Gesicht zu sehen, mit aller Würde. Es gibt keine Beweise gegen sie. Sie ist die Gattin, sie ist die Mutter eines Erben. Sie ist die Witwe des Fürsten von Wagram. Sie ist diejenige, die von sich sagen darf, dass Alexandre sie geliebt hat. Wer sonst hätte einen Anspruch darauf.

Ihr Vater kommt ganz dicht heran, so dicht, als hätten die Wände Ohren. »Und, hast du es gefunden?«

Maria Elisabeth schüttelt den Kopf. »Nichts habe ich gefunden. Die Bamberger Gendarmen können gerne kommen.« Sie will den Raum verlassen, will vorbei an ihrem Vater, der immer noch viel zu dicht bei ihr steht.

Da packt er ihre beiden Handgelenke und hält sie fest. Sie will sich losmachen. Er verstärkt den Griff. Maria Elisabeth, erstaunt über den Schmerz, presst die Lippen zusammen.

»Hast du irgendetwas gefunden? Hast du einen Brief gefunden, vielleicht von *ihm*?«

Maria Elisabeth ist erst erstaunt. Sie blinzelt. Sie öffnet den Mund, um den Namen auszusprechen. Den Namen, der einst auf Triumphbögen stand. »Na...?« Sie verstummt unter dem Blick ihres Vaters, dann schüttelt sie den Kopf. »Aber er hätte doch nicht«, beginnt sie, halb schmollend, halb vorwurfsvoll. Und wird erneut still unter diesen Blicken. Warum nur, fragt sie sich, haben alle so Angst vor diesem Napoleon. Sie fürchten ihn als Freund oder Feind, als wär er ein Übermensch. Dabei kennt sie ihn; er ist nicht besonders groß, er war reizend zu ihr – und er schreibt seiner Frau schmutzige Briefe. Fast möchte sie lachen. Aber da ist der Griff um ihre Handgelenke.

»Hat er dir etwas anvertraut?«

»Anvertraut?« Sie wagt das Wort kaum auszusprechen, es läutet so seltsam in ihr nach wie die Domglocken. Wann hätte Alexandre ihr je etwas anvertraut? Er hat darüber geredet, dass seine Zunge neuerdings einen gelben Belag aufwies. Dass die Kinder zu laut seien und dass sich ihm der Kopf seltsam drehe, solche Dinge. Nein, er hat ihr nichts anvertraut. Heftig schüttelt sie den Kopf.

Ihr Vater lässt sie los und streicht sich über den Bart. Atmet durch, stellt sich wieder hin, wie er immer steht, das Bild eines Herzogs.

»Diese verdammte Reise.« Ihr Vater, sie merkt es, ist noch nicht fertig. »Diese Pläne, nach Frankreich zurückzufahren, kaum dass er hier war. Hat er dir irgendetwas mitgegeben, als du losfuhrst?«

Der König, ihr Onkel, hatte ihm den Pass verweigert. Nach einigem Toben bat Alexandre schließlich um Pässe für sie und die Kinder, die der Onkel schließlich bewilligte. »Du wirst einige Geschäfte zu regeln haben.« Das waren Alexandres Worte gewesen, sie hört sie noch. Sie stieg in die Kutsche, mit Kindern, Dienern, Gepäck. Es war ein seltsamer Aufbruch, als täte sie etwas Verbotenes. Diese Hast, die seltsame Anspannung in der Luft. Als zöge sie in den Krieg. Vor der Residenz schon all die Augen. Am Stadttor dann die Durchsuchung, in Forchheim erneut. Gepäckstück für Gepäckstück wurde geöffnet, als wären sie Verbrecher. Jedem Diener wurde ins Gesicht geschaut, ob es nicht Alexandre in Verkleidung wäre. Etwas Mitgegebenes, Briefschaften am Ende? Undenkbar. Sie schüttelt den Kopf.

»Die Reise war in Stockach zu Ende, wie du weißt.« Ein Visum hatte gefehlt, um das Territorium des Fürsten zu Schwarzenberg zu durchqueren. Sie hatten umkehren müssen. Wie demütigend.

Sie schaut auf den leeren, geplünderten Schreibtisch, auf ihre Handgelenke, die immer noch rot sind vom Griff des Vaters. Als hätte sie ein Verbrechen begangen. »Nein«, sagt sie. »Er hat mir nichts gesagt. Das hat er nie.«

Es ist die Wahrheit, sie begreift es in dem Moment. Begreift es so schmerzhaft, als säße sie noch im Dom vor dem Sarg ihres Mannes, wo die Glocken läuteten, der Weihrauch duftete, das Gold blitzte, als wäre alles auf der Welt wohlgeordnet, dabei ist ihre Welt gestorben.

Wo sie Ruhe finden soll? Sie weiß es nicht.

Bamberg, Neue Residenz, 14. Juni 1815

»Also, Madame Gallien.« Schauer räuspert sich und wirft Blicke auf den Übersetzer und den Protokollanten. »Kommen wir zu jenem traurigen Tag.«

Die Bonne der Berthiers schaut ihn aus rot geränderten Augen an. Eine dünne Frau mit dünnem Haar und dünner Haut. Auch ihre Stimme klingt dünn, sie war lange krank, heißt es. Heute endlich ist sie so weit hergestellt, dass sie dem Polizeidirektor Rede und Antwort stehen kann. Heißt es. Schauer hat mit den Hufen gescharrt all die Tage, seit er erfahren hat, dass sie die Letzte war, die den Marschall lebend gesehen hat. Eine Krankheit hat sie von ihm ferngehalten? Mag sein. Er traut der Sache nicht. Wer alles mag sie seitdem beiseitegenommen, ihr Dinge eingeflüstert haben, sie womöglich bedroht oder bestochen haben? Sicher weiß er nur, dass er sie nicht zu Gesicht bekam. Jetzt sitzt sie da, in der bescheidenen Robe mit den grauen Spitzen um den Ausschnitt, der ihr nicht steht. Die hohe Taille, der lange, weite Rock, all das sieht an ihr aus wie Säcke an einem Gerüst. Ist sie immer schon so dünn gewesen, oder hat sie abgenommen? Auf ihren dünnen Locken, die aufzurollen mühsam gewesen sein muss, noch mehr Spitzen, dazu Bänder, alles, was Fülle erzeugt und doch nur die Magerkeit ihres Gesichts betont.

Schauer schaut auf seine Hände. »Also«, wiederholt er. »Sie wollten mit den Kindern ausfahren?«

Die Kinderfrau neigt den Kopf. Ja, sie wollten ausfahren.

»Die Kinder wollten die Parade sehen, was?«, fragt Schauer in dem Bemühen, ein wenig Vertrautheit zu erzeugen. Er muss warten, bis der Dolmetscher das weitergegeben hat.

Im Gesicht der Bonne kein positives Zeichen. Es verzieht sich. Sie greift zum Taschentuch. Ein Husten. Verkappte Missbilligung? Oder echtes Unwohlsein? Die Hand mit dem Tuch – viel Spitze auch hier – senkt sich zitternd. »Es war der Vorschlag des Marschalls«, sagt sie. »Er kam herein, um sich nach den Kindern zu erkundigen. Dann drängte er plötzlich auf eine Ausfahrt.«

»Drängte?«, wirft Schauer ein, der beim Protokollanten mitliest.

Madame Gallien schaut ihn ausdruckslos an. »Er hat es zweimal verlangt.« Ihr Blick wandert irgendwohin links von seinem Kopf.

Sie macht eine Pause. »Er kam mir nach und verlangte es erneut, während ich gerade dabei war, ihnen die Handschuhe überzustreifen. Caroline hatte ihre mal wieder verloren und ich ... ich ...« Sie bricht ab, ihr Blick geht in ihren Schoß. »Die junge Madame ist noch klein«, sagt sie dann, wie um sich zu entschuldigen, dass sie schlecht von ihrer Herrschaft sprach.

Schauer interessieren Erziehungsfragen von Dreijährigen gar nicht. »Er hat also, ich zitiere, verlangt, dass Sie mit den Kindern ausgehen?«

Sie nickt, bestätigt mit einem »Ja«. Sie hat sich noch gewundert, dass der Marschall extra in das Zimmer der Kinder kommt, nur um sie dann so rasch es geht von dort zu vertreiben.

»Ich wollte ihm noch den Vortritt lassen, nach draußen, meine ich, damit er in seine eigenen Räume zurückkehren kann. Ach«, bricht es plötzlich aus ihr heraus.

Mehr will erst nicht kommen, aber Schauer dringt in sie. Einzelheiten, bitte. Die braucht er unbedingt.

»Es ging ihm schon den ganzen Morgen nicht gut, will mir scheinen.«

Wie sie das meine, fragt Schauer. Er muss es genauer wissen. Er erfährt, dass der Marschall aus verschiedenen Fenstern und mit dem Fernrohr den Durchzug der russischen Divisionen verfolgt habe. »Es will gar nicht mehr aufhören!« Das soll der Fürst gesagt haben. Offenbar hat ihn der Anblick gequält. Schauer überlegt sich, was das bedeuten mag. All diese Soldaten, die aufmarschieren gegen Napoleon. *Ma pauvre patrie* – vielleicht hat er es so gesehen: als drohenden Untergang nicht seines ehemaligen Kaisers, sondern seiner Heimat. Er war lange genug Soldat gewesen, um zu wissen, wie blutig diese Schlacht werden würde. Noch ist sie nicht geschlagen, nach allem, was man hört. Aber Schauer hat vertrauliche Mitteilung, dass Napoleon mit 100.000 Mann an die Nordgrenze Frankreichs aufgebrochen ist. Die Engländer unter Wellington stehen nicht weit von

Brüssel und rücken vor, heißt es. Die Preußen sind in der Nähe, die Russen unterwegs. Als der Wiener Kongress eine neue Koalition gegen Napoleon einging, waren Truppenkontingente beschlossen und genehmigt worden in der sagenhaften Höhe von 800.000 Mann. Das ist 8:1. Aber Napoleon ist Napoleon, und seine Gegner sind über Europa verteilt. Man muss abwarten. Auch Schauer muss abwarten, bis diese Alte endlich den Mund aufmacht.

»Er hat ihn also gequält, dieser Anblick«, stellt Schauer noch einmal fest.

Madame Gallien nickt.

»Und haben Sie auch diesen Ausruf gehört: ›Ma pauvre patrie‹?«

Wieder nickt sie. »Mehr als einmal an diesem Vormittag! Der arme Marschall, dabei war er so krank!«

»Na, ob er so krank war.« Schauer versucht, Druck auszuüben. Eine kranke Haushälterin, ein kranker Marschall, für seinen Geschmack ist das alles ein wenig viel Krankheit, und alles zu so passender Zeit. Die Gallien glotzt ihn an.

Schauer fragt sich, ob sie sich vorstellen kann, was er vor seinem geistigen Auge sieht: Berthier auf dem Pferd, in gestrecktem Galopp, wie er im Lager Bonapartes einreitet, in sein Zelt eilt, das Knie vor ihm beugt. Die Erleichterung in allen Gesichtern, die Rührung, die Begeisterung, das Brausen, das durch die Reihen geht, als Berthier die Schlachtreihe entlangreitet, seine Parolen brüllt, ein Brüllen, dem begeistert geantwortet wird. Die gehobenen Arme, die geschüttelten Waffen, der neue Geist. Der neue Mythos. Sechs Maskierte, die all das beherzt verhindern.

Oder ein älterer Herr mit Magenbeschwerden, der seiner Kopfschmerzen wegen die Kinder wegschickt. Wegen der Kopfschmerzen oder wegen seiner Melancholie.

»Ich habe es ihn noch sagen hören, als ich schon in der Tür war. Die Kinder waren schon vorausgelaufen. Obwohl ich gerufen hatte. Eben Kinder!«

Schauer kommt zu sich. Zieht das Protokoll heran. »Sie standen bereits in der Tür.«

»Ja, und die Kinder waren draußen.«

»Damit sind Sie die Letzte gewesen, die den Marschall lebend gesehen hat?« Schauer fragt eindringlich. »War sonst niemand im Raum? Keine Dienstboten? *Irgendwer?*« Er legt sehr viel Gewicht auf dieses letzte Wort. So viel Gewicht, dass es alles umfassen könnte, selbst sechs Attentäter mit Masken.

Die Bonne schüttelt den Kopf. Schauer starrt sie an: Ist das Angst? Vor wem hat sie Angst? Vor denen, die ihr geboten zu lügen? Vor ihm?

Sie senkt den Kopf und hustet. »Er war allein«, sagt sie dann. Und fährt nach einer Weile fort: »Ich habe es noch gehört …«

»Was?«, fährt Schauer dazwischen.

»Na, das Rutschen des Möbels. Des Fauteuils. Er muss ihn sich ans Fenster gezogen haben. Um daraufzusteigen.«

»Um daraufzusteigen«, echot Schauer und starrt sie mit womöglich noch größerer Schärfe an. Was die Frau ihm da erzählt, heißt nicht mehr und nicht weniger, als dass der Marschall Selbstmord begangen hat. Er besinnt sich, blättert in den Unterlagen, schaut sich um. »Sind die Zimmer alle wie dieses?«, fragt er.

Sie nickt vorsichtig.

Schauer springt auf und geht zum Fenster. Unten liegt die Ludwigstraße, auf ihrem Pflaster sind Spaziergänger unterwegs, ein Pferd tockt vorbei. Der Fensterstock, bemerkt er bei der Gelegenheit, ist wohl nicht mehr als drei, vier Schuh hoch, da kann ein Mann gut hinausfallen. Aber etwas anderes macht ihm Gedanken. Er dreht sich um. »Dann sind überall diese Stufen vor den Fenstern?«, fragt er. »Madame?« Befriedigt sieht er, wie sie zusammenzuckt.

»Ja?«, wiederholt er ihre leise Antwort. Er lässt es sich von einem herbeigerufenen Diener bestätigen. »Dann kann er aber doch den

Fauteuil nicht, wie Sie sagen, ans Fenster gezogen haben. Er muss ihn gehoben haben, nämlich diese Stufe hinauf.« Seine Stimme klingt jetzt triumphierend. »Ein kranker, müder Mann, der über Schwindel klagt, hebt einen Fauteuil herum!« Und wozu, setzt er für sich den Gedankengang fort, wozu, wenn das Fenster doch so leicht zu erreichen war, wenn ein einfaches Hinauslehnen gereicht hätte.

»Ja, ja, dann hat er es wohl gehoben.« Die Bonne stammelt ein wenig.

»Sie sagten aber: gezogen.« Schauer ist unerbittlich.

»Ich meinte gehoben.« Die Bonne sieht wirklich krank aus.

»Gehoben«, wiederholt Schauer.

Sie nickt. »Ich meine, ich habe das Geräusch gehört. Nur gehört. Und da ist die Stufe, also nehme ich an, ja, er hat das Möbel gehoben.«

Schauer schaut ins Protokoll. »Sie haben es nur gehört? Aber Sie standen doch in der Tür? Das haben Sie eben gesagt: Da steht es. Sie standen in der Tür, auf der Schwelle. Wie konnten Sie da aufs Hören angewiesen sein?«

»Ich«, beginnt die Bonne und zögert. »Ich habe …«

Schauer kann sie denken sehen. Er fragt sich, ob sie denkt, was er denkt: Dass vielleicht sechs Männer in diesem Zimmer waren, oder vier oder auch nur zwei. Dass sie vor ihren Augen den Marschall hinausgestürzt haben und sich dann an sie wandten, an sie herantraten, vielsagend sich den Finger über den Hals zogen möglicherweise, einen Dolch blitzen ließen, heiser zischten? Wie sie nickte, später auch noch einmal beiseitegenommen wurde. Von einer Person, die sie kannte, einer Person von Stand und Einfluss, die ihr eindringlich empfahl, Stillschweigen zu bewahren, was die Dame sich sicherlich schon von selbst vorgenommen hatte, denn wer wollte, auf Schauers Wort, in so etwas hineingeraten? Er will es ja selbst auch nicht. Wenn er nur sicherer wüsste, was es ist, in das er nicht hineingeraten will.

Es sind die Worte der Gallien, die seinen Gedankengang unterbrechen: »Ich habe es nicht sagen wollen, weil ... weil es unschicklich ist.«

»Ja!«, springt er auf.

Sie schaut ihn nicht an, schaut fest auf ihr Taschentuch, das sie zwischen den Händen spannt. »Ich habe es nicht aus diesem Zimmer gehört, sondern von nebenan. Aus dem ... dem Kabinett.«

Schauer starrt in die Richtung des kleinen Seitengemaches, das sich dort, wo sich alles abgespielt hat, an die rechte Wand anschließt. Das kleine Gelass für die ganz privaten Geschäfte.

»Er war auf dem ...«, setzt er an und unterbricht sich dann schicklich.

Die Gallien nickt unter Tränen.

»Sie haben etwas anderes gesagt.« Schauer schaut wieder sie an. Doch sie hat sich jetzt gefasst. »Es ist nicht schicklich, in keiner Weise. Deshalb.«

»Ich verstehe.« Er versteht nicht. Erst sagt sie das eine, dann das andere. Welches Fenster ist es denn nun? Und erst wird geschoben, dann gehoben. Außerdem, fällt ihm ein: »Und das konnten Sie hören? Warum? Weil die Tür zu diesem Gelass offen stand?«

Sie nickt mit aufsteigenden Tränen in den Augen.

Schauer versucht, schneller zu denken: Warum hätte der General sie offen lassen sollen? Sicher nicht, um sich wirklich nur für ein Geschäft zurückzuziehen. Aber wenn er sich zurückgezogen hat, um zu sterben: Warum nicht auch da ein Rest Privatsphäre? War es wirklich so eilig mit dem Tod, dass er nicht gewartet hat, bis er ganz alleine und die Bonne fort war? Warum flüchtete er, die Kinder noch auf dem Flur, ins Kabinett, zog nicht mal die Tür hinter sich zu und sprang überhastet? Es will dem Polizeidirektor nicht einleuchten. Madame Gallien hat nur noch ihr Schluchzen beizutragen. Irgendwann reißt sie sich erneut zusammen. Sie sei in das Kabinett gelaufen, sofort, als sie das Geräusch hörte. Sie habe den Fauteuil dort liegen sehen, vom Marschall keine Spur. Und das Möbel habe noch leise vor sich hin gewippt.

»Der Fauteuil hat noch gewackelt?« Schauer fragt es leise. Es ist ein starkes Bild, ohne Zweifel.

»Sie sind unter der Tür gestanden, haben dann ein Scharren gehört, haben sich Sorgen gemacht, sind durch den Raum gelaufen, den ganzen, langen Raum ...« Mit Blicken und seinem ausgestreckten Finger gleitet er die Strecke ab. »Sie haben zweifellos erst geklopft oder seinen Namen gerufen, wegen der Schicklichkeit.« Hier wartet er ihr Nicken ab, das starr erfolgt, mit weit aufgerissenen Augen. »Dann haben Sie durch die Tür geblickt – und der Stuhl hat noch immer gewackelt?«

Nun weint sie wieder. Und mehr bekommt Schauer nicht aus ihr heraus. Als sie schon längst den Raum verlassen hat und der Übersetzer mit dem Protokollanten plaudert, sitzt er immer noch da. Sechs Männer. Es gibt keine Spur von ihnen. Wenn Madame Gallien sie sah, so wird sie doch nie ein Sterbenswort darüber verlieren. Schade, er hätte sie zu gerne gefragt, ob es Bayern waren oder Franzosen.

Oder Russen, fällt ihm ein. Er denkt an den baltischen General, diesen schönen Mann mit den weißen Haaren, der es nicht hat unterlassen können, Berthier beim Bankett für seine Treue zum Bourbonenkönig Ludwig XVIII. zu gratulieren. Ist ihm das nicht selbst taktlos erschienen?, fragt Schauer sich. Er denkt zurück an den Mann; taktlos war dieser ihm nicht vorgekommen, so wenig, wie er sich Berthier als verlegen vorstellen konnte. Was war vorgegangen zwischen den beiden Männern bei diesem Bankett? Hat von der Osten-Sacken eine Art Nadel eingeführt in die Seele des Marschalls? Hat er mit eigenen Augen dessen Reaktion auf den Stich sehen und seine Schlüsse ziehen wollen? Was hat er in Berthiers Gesicht gelesen? Nur Verlegenheit? Möglicherweise hat der General des Zaren im Gesicht des Mannes, der Moskau mit in

Brand stecken half, ja noch etwas anderes entdeckt, den Widerschein einer fernen Flamme – und hat deren erneutes Auflodern im Keim ersticken wollen? Womöglich sind die Männer Russen gewesen – noch weit entfernt von den neuen Schlachtfeldern in Frankreichs Norden, die sich abzeichneten, hätten sie ihrer Seite dennoch einen Dienst erwiesen.

Oder es hat sie nie gegeben. Schauer überfliegt das Protokoll, das an den König gehen wird. Der Marschall war den Morgen über unruhig und verzagt. Er äußerte Sorge um sein Land; er trieb die Kinder und die Bonne aus dem Haus, und kaum waren sie fort, stürzte er aus dem Fenster. Stolperte aus Schwäche über ein Möbelstück.

Schauer überlegt. Er überlegt lange. Ein Selbstmord aus Melancholie. Wäre das nicht am Ende die passende Botschaft? Aus Bamberg gesandt an Napoleon, der vielleicht vergebens auf seinen Marschall wartet. Erst verliert man den Kopf und dann das Gesicht. So ergeht es den alten Kämpen, den alten Mythen, sie sterben kläglich, von eigener Hand, an entlegenen Orten. Ein Menetekel für die alte Zeit. Platz für die neue.

Schauer siegelt das Protokoll. Er ist mit sich zufrieden.

Seinen Untergebenen den Rücken kehrend, tritt er ans Fenster und schaut hinaus: eine zweirädrige Kalesche, eine Familie zu Fuß, die Kinder mit der Bonne hinterdrein. Vorsichtig neigt er sich weiter vor, aber er kann die Mauer nicht erkennen; auf dem Vorsprung unten jedenfalls ist das Blut entfernt. Er richtet sich wieder auf, greift dabei an den Fensterrahmen, um sich zu stützen, sicher ist sicher, das Fenster ist wahrhaftig tief eingesetzt. Und der Weg zum Pflaster dort unten, auf dem sein Blick hin und her sucht und sucht, ist weit. Für einen Augenblick fühlt Schauer Schwindel in sich aufsteigen. Und einen Moment lang ist ihm zumute, als gäbe es nirgendwo Halt.

NACHBEMERKUNGEN

ZWISCHEN KRIEGEN
Der Fall ist in den *Fürther Geschichtsblättern 2/2014* ausführlich dokumentiert. Es erschien aber reizvoll, ihn in stärkeren Bezug zu der größeren deutschen Geschichte zu setzen, der Weimarer Republik mit ihren Krisen und Konflikten, die vielleicht noch einmal verständlicher macht, wie es zu diesem Verbrechen kommen konnte.

EINE FRÄNKISCHE WINTERREISE
Der blutige Doppelmord, den Friedrich Cörper unter Beihilfe von Johann Lober beim Ausbruch aus der Fronfeste beging, ist hinreichend dokumentiert. Offen bleibt jedoch, wie es möglich war, dass sie so rasch, bereits am Morgen nach der Tat, aufgegriffen werden konnten – ganz ohne Rasterfahndung und *Aktenzeichen XY ... ungelöst*. Am plausibelsten erscheint die Vermutung, dass es in jener Zeit, da jeder jeden kannte und Fremde weitaus auffälligere Gestalten waren als heute, gar nicht so einfach gewesen sein muss, sich unverdächtig durchs Land zu bewegen; nicht auszuschließen ist aber auch, dass die Polizeiarbeit im damaligen überschaubaren Rahmen effektiver gewesen ist als heute. Verbürgt wiederum ist, dass Cörper und Lober von sechzig Soldaten zu Fuß nach Nürnberg rückgeführt wurden, und da erhebt sich durchaus die Frage, ob nicht auch einem Mörder Mitleid gebühren kann dafür, was er durch seine Tat unauslöschlich in sein Leben gesetzt hat und wie er dafür büßen muss. Friedrich Cörper wurde am 21. Oktober 1830 auf der Deutschherrnwiese in Nürnberg hingerichtet; Johann Lober wurde nur der Beihilfe schuldig gesprochen und musste ab dem 10. Oktober 1830 eine achtjährige Arbeitshausstrafe verbüßen. Der Ortsname »Roßstall« meint übrigens das heutige Roßtal; die Umbenennung erfolgte erst 1913.

LADYKILLERS. EINE FILMKOMÖDIE

Trotz der zahllosen Presseberichte und einiger regionalhistorischer Arbeiten bleiben Widersprüche, was den Ablauf der Tat betrifft, die nicht bis ins Letzte geklärt werden können. Klar dagegen sind die Motive der Täter, wie auch die Motive von Henri Nannen, der mit seiner privaten Presseinitiative zur Rückgabe des geraubten Riemenschneider-Kunstwerks Mediengeschichte schrieb. Sein Ansatz, den Verbrechern Verschwiegenheit zuzusichern, wenn sie die Madonna zurückgäben, sowie das Lösegeldangebot haben ihm die erhoffte Auflage eingebracht – und einige Anzeigen wegen Hehlerei und Begünstigung. Er wurde freigesprochen mit der Begründung, dass keine Absicht der Bereicherung nachgewiesen werden könne. Diese Urteilsbegründung ist nicht unumstritten.

GESPRÄCH DURCH DIE ZELLENTÜR

Heinrich Toppler, geboren mutmaßlich um 1350, war von 1373 bis 1408 ununterbrochen Mitglied des inneren Rates der Stadt Rothenburg und bekleidete innerhalb dieser Zeit auch mehrmals das Amt des Bürgermeisters – galt aber selbst dann als offizieller Repräsentant der Stadt, wenn er gerade einmal nicht das höchste Amt innehatte. Man kann ihn als einen der ersten skrupellosen Großkapitalisten sehen, dem es durch diverse geschickte Schachzüge gelang, sich einen ungeheuren Besitz an Ländereien und Wirtschaftsbetrieben aufzubauen, aber auch als einen klugen Diplomaten, der sich seiner Heimatstadt eng verbunden fühlte und stets bestrebt war, durch umsichtige Bündnispolitik ihren (und damit auch seinen) Wohlstand zu sichern und zu mehren. Als sich aber zu Beginn des 15. Jahrhunderts die politischen Konstellationen gravierend zuungunsten der Stadt verschoben, ging es auch mit ihm jäh bergab, da er, kurz gesagt, mit dem abgesetzten, ungeliebten König Wenzel auf das falsche Pferd gesetzt hatte. Mochte

Rothenburg auch im Jahr 1407 dank Topplers Vorsorge der Belagerung durch den Nürnberger Burggrafen trotzen – im folgenden Frühjahr warf man ihm eine Verschwörungspolitik gegen Wenzels Nachfolger Ruprecht vor, untermauert durch drei Briefe aus Prag, die abgefangen wurden. Toppler wurde am 30. März 1408, anderen Quellen zufolge im April 1408, mitten in einer Ratssitzung festgenommen und im heute sogenannten »Historiengewölbe« unter dem Rathaus eingekerkert. Am 26. Mai meldete die Stadt dem Markgrafen von Baden, der zu Topplers Gunsten einschreiten wollte, dass dieser sein Leben nicht habe behalten können; andererseits gilt dem Epitaph in der Topplerkapelle zufolge der 13. Juni als offizielles Todesdatum. Eine absolute Gewissheit darüber, dass Toppler hingerichtet wurde, besteht nicht; die Möglichkeit, dass man ihn schlichtweg in seiner Zelle verschmachten ließ, kann nicht ganz ausgeschlossen werden. Falls es Protokolle über einen Prozess überhaupt gab, so sind sie bereits damals vernichtet worden.

MÜLLER, MEIER, SCHMIDT

Polizisten des Münchner SEK hatten die konspirative Wohnung in der Stephanstraße 40 rund zwei Wochen lang rund um die Uhr in Dreierteams bewacht, und man hätte es gern als einen »Bombenerfolg« verkauft, als das RAF-Mitglied Elisabeth von Dyck am Abend des 4. Mai gegen 22 Uhr beim Betreten der Wohnung erschossen wurde. Der *Spiegel* hingegen sprach von einem Skandal. Dies nicht nur, weil einer der beiden Schüsse »von der Seite rückwärts in den Körper« eingedrungen war. Zu Recht monierte das Magazin darüber hinaus, dass angesichts der Prognose des BKA, entweder Monika Helbing oder Elisabeth von Dyck würden die Wohnung aufsuchen, eine klare Strategie vonnöten gewesen wäre – nämlich idealerweise die Frau im Nahkampf entwaffnen, ehe sie die Pistole ziehen kann, und außerdem die Festnahme so unauffällig vollziehen, dass etwaige nachkommende Komplizen nicht gewarnt werden, womit die Wohnung zur »Mausefalle« geworden wäre. Diese Chance sei vertan worden; auch sei die unmittelbar anschließende Großfahndung nach weiteren RAF-Mitgliedern im Großraum Nürnberg von Pannen durchsetzt gewesen. Der damalige Durchschnittsbürger soll es mit Genugtuung zur Kenntnis genommen haben, dass, sozusagen, kurzer Prozess gemacht wurde; der sogenannte »linke Sympathisantenkreis« wiederum legte vor dem Haus einen Kranz mit Schleife nieder: »Dem jüngsten Opfer der Todesschusspraxis«, und der *Spiegel* kolportierte die höhnische Bemerkung eines Nürnberger Kripobeamten zur Münchner SEK-Arbeit: »Selbst meine Großmutter hätte die anders gefangen.«

DIE RICHTSTÄTTE

Um den beschriebenen Fund in Roßtal gibt es in der Tat eine fachliche Auseinandersetzung, allerdings von geringerer Intensität als im Text dargestellt, auch wenn die *Mittelbayerische Zeitung* und andere Lokalmedien einen veritablen »Historikerstreit« konstatierten. Die Stellungnahmen der Kontrahenten ließen sich indes wunderbar zu Plädoyers vor einem fiktiven Gericht umarbeiten, das den unlösbarsten aller Fälle verhandelt: Was ist Wahrheit?

RADFAHREN

Dieser Fall dokumentiert gleichermaßen die methodischen Fortschritte wie auch die Rückständigkeit der Polizeiarbeit im Deutschland der Nachkriegszeit. Auf der einen Seite standen neue wissenschaftliche Methoden, die sich nur zögerlich durchsetzen konnten, auf der anderen Seite stand ein Polizeiapparat, der, insbesondere im ländlichen Bereich, daran krankte, dass Ermittlungen von unzureichend ausgebildeten Beamten durchgeführt wurden.

Der Fall Flosky gilt als der erste, in dem die Faseranalyse den Täter überführte.

WER SCHREIBT, DER BLEIBT

Ein ganz gewöhnliches Verbrechen: ein Raubmord im Milieu der einfachen Leute, wie er hundertfach vorkam. Aber der Mörder, ein einfacher Mann, hat ein Gedicht über seine Tat geschrieben. Was hat ihn dazu getrieben? Geltungssucht? Liebe zur Dichtkunst? Ichbehauptung? Und noch dazu, Ironie der Geschichte, wird das, was er niederschrieb, und worin er auch den Tathergang schildert, im Prozess als, wie es die zeitgenössische Presse formulierte, »gewuchtiges Anklagematerial« gegen ihn verwendet. Der Originaltext fand sich nicht in den Prozessakten, doch es ist davon auszugehen, dass in dem Gedicht der Tatvorsatz dokumentiert wurde, der aus Totschlag Mord machte und damit zur Todesstrafe führte. Ein kleiner, aber seltsamer Fall, der es wert war, aus der Zahl der vielen Morde um Geld herausgehoben zu werden; auch wenn sich nie mehr sagen lassen wird, was den dichtenden Mörder trieb.

ABFLUG

Dieser skurrile Bankraub à la americaine auf amerikanischem Boden in deutschen Landen hat nur in Zeitungsberichten Spuren hinterlassen. Das Gelände der ehemaligen Leighton Barracks, auf dem das Verbrechen stattfand, ist nur mehr in Umrissen zu erahnen; ein neuer Stadtteil, Hubland, entstand dort und entsteht weiter. Der Torbogen der Zufahrt an der Rottendorfer Straße ist noch zu sehen, der ehemalige Hangar wurde zum Geschäftszentrum ausgebaut. In umgebauter Form steht ebenso noch der Tower, in dem damals die beraubte Bank untergebracht war. Heute beherbergt er eine Bücherei. Und das Gelände, das zwischen den Neubauten und den leicht verwilderten Grünflächen einer ehemaligen Landesgartenschau auch mit Infotafeln zur Geschichte der Barracks ausgestattet ist, hat noch etwas von der Weite und kühlen Windigkeit, die ahnen lässt, dass hier einmal geflogen wurde.

FENSTERSTURZ

Napoleon, der Mann, der Europa mit Krieg überzogen und die Herrschenden das Fürchten gelehrt hatte, war aus dem Exil auf Elba zurückgekehrt, hatte seine alten Getreuen um sich gesammelt und strebte erneut nach der Macht. Die Aufgeheiztheit der politischen Sphäre jener Zeit, die als »Die hundert Tage« berühmt wurde, kann gar nicht hoch genug eingeschätzt werden. Angst, Misstrauen, Verschwörungstheorien blühten. Alexandre Berthier war einst ein Getreuer Napoleons. Nach dessen Abtritt von der politischen Bühne setzte er seine Karriere im Restaurations-Frankreich unter Ludwig XVIII. bruchlos und loyal fort. Dennoch wurde jeder seiner Schritte seit Napoleons Rückkehr argwöhnisch beäugt: Würde er, wie so viele andere, zu seinem alten Herrn zurückkehren? Was hatte sein Wunsch, aus Bamberg nach Frankreich zu reisen, zu bedeuten? Alles war möglich: Treue wie Verrat. Deshalb schien auch alles denkbar, was seinen Tod betraf, jenen ominösen Fenstersturz: Unfall, Selbstmord aufgrund eines moralischen Dilemmas – oder Mord, wahlweise durch Agenten der antinapoleonischen Koalition, die ihn vorsorglich ausschalten, oder durch Agenten Napoleons, die seine Untreue ahnden wollten. Die Aussagen der Personen, die sich mit Berthier im Gebäude aufhielten, belegen am ehesten die Selbstmordtheorie. Doch müssen sie nicht korrekt beziehungsweise korrekt wiedergegeben sein. Der Fall ist offen.

QUELLENVERZEICHNIS

Akte *Ermittlungen gegen Georg Seiß, Steinhauer aus Buchhaus wg. Mordes*, 1889. Signatur: StABa, Staatsanwaltschaft Bayreuth (K 106) 6656

Auler, Jost; Becker, Thomas; Liebert, Thomas; Tegtmeier, Ursula: »Nachuntersuchungen an einem Skelettbefund zur neuzeitlichen Strafrechtspflege aus Mittelfranken«. http://www.heimatverein-rosstal.de/geschichte/richtstaette/skelett.html

Bamberger Tagblatt vom 19.2.1889

Bernsau, Tanja: »Henri Nannen und die Rosenkranz-Madonna«. http://artresearch-service.com/henri-nannen-und-die-rosenkranz-madonna/

Bildzeitung vom 4. Mai 1979

von Böhm, Gottfried: »Das Ende Berthiers«. Artikelserie in: *Das Bayerland*, 13. Jahrgang 1902

Bürger, Udo: *Historische Kriminalfälle in Franken und Schwaben von 1815 bis 1936*

Egert, Gerhard: »Henri Nannen und der Volkacher Kunstraub 1962«. In: Ute Feuerbach: *Unsere Mainschleife. 1993–2007*, Volkach 2008, S. 170–180.

Fürther Geschichtsblätter 2/2014: »Der Mord in der Fürther Spiegelstraße 1920«

Grimmler, Benedikt: »Terror in Franken«. In: *Fränkische Verbrecher*, Erfurt 2015

Leitschuh, Dr. Alexander: *Berthier*, Bamberg 1887

Leyh, R. (1988): »Alte Gerichtsbarkeit – der Galgen von Roßtal. Ein Grabungsbericht«. *Rosstaler Heimatblätter 18*, 1988, S. 7–12

Leyh, R. (1991): »Der Roßtaler Galgen. Eine archäologische Untersuchung der ehemaligen Richtstätte«. In: *Forschungen zur Rechtsarchäologie und Rechtlichen Volkskunde 13*, 1991, S. 133–140

Mainpost online: http://www.mainpost.de/regional/wuerzburg/wuerzburg-wie-ein-us-general-1980-vor-einer-entscheidung-ueber-leben-und-tod-stand-art-10728706

Nürnberger Nachrichten vom 4., 5./6. und 7. Mai 1979

Schnurrer, Dr. Ludwig: »Heinrich Toppler« (auf www.heinrichtoppler.de) sowie Abschrift des Testaments von Heinrich Toppler (ebenda)

Strich, Dr. Michael: Marschall Alexander Berthier und sein Ende, München 1908

Der Spiegel 42/1967: »Auf Ehrenwort«

Der Spiegel 20/1979: »Fränkisch abgeräumt«

Der Spiegel 22/1979: »Da können Sie nicht in den Zeh schießen«

Süddeutsche Zeitung vom 4. Mai 1979

SZ online: »Der Madonnenraub von Volkach«. www.sueddeutsche.de/leben/madonnenraub-volkach-nannen-stern-riemenschneider-1.5616994

Thorwald, Jürgen: *Die Stunde der Detektive*

Weiß, Hans Karl: »Der Tod Berthiers«. Manuskript aus Napoleon Online, 18.11.2005

Zeh, Rainer: *Die Madonnenräuberbande. Dokumentation von Kriminalfällen aus den 1960er Jahren*, Norderstedt 2011

Unser herzlicher Dank für Hinweise und Rechercheunterstützungen geht an:

Christine Fuchs, Archiv *Nürnberger Nachrichten*

Helmut Hemmeter, Archiv der Freunde der Nürnberg-Fürther Straßenbahn e. V.

Barbara Ohm, Fürth